AF859174

FAC • UNIVERSITÉS

EXOS LMD

INTRODUCTION AU DROIT

21 exercices corrigés

4e édition

Sophie DRUFFIN-BRICCA

est Maître de conférences à l'Université de Nice Sophia Antipolis.

Laurence-Caroline HENRY

est Professeur à l'Université de Nice Sophia Antipolis.

70, rue du Gouverneur Général Éboué
92131 Issy-les-Moulineaux cedex
ISBN 978 - 2 - 297 - 03972 - 7
ISSN 2103-4656

FAC • UNIVERSITÉS

EXOS LMD

INTRODUCTION AU DROIT

21 exercices corrigés

Sophie DRUFFIN-BRICCA • Laurence-Caroline HENRY

4e édition

Gualino
lextenso éditions

Présentation

Réussir ses études de droit est le fruit d'une discipline qu'il convient d'acquérir le plus tôt possible. Au-delà de cette organisation dans le travail, il est également indispensable de s'initier aux techniques et aux méthodes du droit.

Les exercices susceptibles d'être demandés à un étudiant de première année sont assez nombreux : les dissertations, les cas pratiques et commentaires de décisions et de textes. Dans le cadre de travaux dirigés, il est possible qu'un exposé oral soit demandé.

L'objet de cet ouvrage qui va vous permettre de pratiquer les différents types d'exercices, vous met en situation d'appliquer les principes fondamentaux ainsi que la jurisprudence apprise dans votre cours, puis de vérifier leur bonne application.

Ce livre s'adresse aux étudiants des Facultés de droit soucieux de se perfectionner efficacement en Introduction au droit ainsi qu'à tous ceux des autres formations, notamment les candidats aux concours de la fonction publique, qui incluent la compréhension et la maîtrise de cette discipline.

Sommaire

THÈME 1

L'environnement juridique

Sujet 1 : Dissertation

Peut-on parler d'opposition entre le droit et la morale ?

Le thème du « droit et de la morale » est un des tous premiers thèmes abordés en première année de droit. Tous les manuels ou ouvrages de travaux dirigés proposent des développements généralement articulés autour des rapports et des divergences entre le droit et la morale.

Ce thème fait appel à des éléments non seulement juridiques mais aussi philosophiques et sociaux.

L'avantage est de pouvoir nourrir le sujet avec des éléments d'actualité. Les questions contemporaines sur le mariage, l'euthanasie, l'indemnisation d'un enfant né handicapé, les droits du conjoint survivant ou la bioéthique font l'objet de débats juridiques et moraux. Il faut toutefois éviter le piège qui consiste à verser dans des lieux communs ou des considérations trop lointaines. Même si l'enseignant apprécie toujours l'ouverture d'esprit de l'étudiant qui est capable de se détacher de la lettre du cours, il attend une dissertation juridique c'est-à-dire un argumentaire autour d'une problématique imposée par le sujet et étayée de connaissances juridiques.

La première étape consiste alors à procéder à un inventaire des éléments qui pourront alimenter la réflexion : il faut passer en revue toutes les parties du cours en pensant à tous les développements qui peuvent avoir un rapport avec le sujet. Si un tel sujet tombe à l'examen il est bon de ne pas se contenter de « réciter » la seule partie directement concernée par le thème et traitée en introduction, mais d'utiliser pour l'étayer des éléments rencontrés dans d'autres parties du cours. Ainsi, en fin d'année peut-on intégrer des éléments sur l'abus de droit ou sur le jugement en équité.

Il ne faut pas perdre de vue que le sujet questionne sur l'opposition entre le droit et la morale. Qu'est-ce qui permet d'opposer le droit et la morale ? Entretiennent-ils seulement des rapports d'opposition ? Exercent-ils l'un sur l'autre des rapports d'influence ou de rejet ? Sont-ils opposés ou complémentaires l'un de l'autre ? Les réponses à ces diverses questions fournissent les matériaux nécessaires au plan et aux développements.

La seule analyse des deux termes principaux du sujet (droit et morale) permet de dégager plusieurs pistes de réflexion qui vont nourrir le devoir et même le structurer. L'alternance entre les divergences et les rapprochements entre le droit et la morale propose en effet une articulation qui peut construire le plan. La première partie peut être tranchée, en mettant en avant l'opposition entre le droit et la morale. La deuxième partie peut ensuite corriger les premières propositions, relativiser l'opposition théorique. On peut proposer comme intitulés : I. Une opposition réelle – II Une opposition relative.

L'opposition entre le droit et la morale est classique et *a priori* justifiée : le droit a pour but le maintien de l'ordre social ; la morale, le perfectionnement intérieur de l'homme. Le droit et la morale n'ont donc pas la même finalité et traitent de sujets différents.

Tout ce qui est commandé par la morale n'est pas nécessairement sanctionné par le droit et inversement certaines règles de droit peuvent apparaître dépourvues de fondement moral et aller parfois à l'encontre de la règle morale.

Le droit peut en effet s'affranchir de la morale parce que les problèmes sont purement techniques. Ainsi en est-il des règles qui constituent le Code de la route. Il n'y a aucune justification morale au choix des priorités ou aux interdictions de tous genres énoncées par ce code. Toutefois on peut relever que le but ultime est d'éviter les accidents et donc les dommages aux biens et aux personnes, ce qui correspond bien à des impératifs moraux. Est-ce à dire que le droit reste toujours imprégné de considérations morales ? Il est vrai que la séparation du droit et de la morale n'est pas nette. Science du bien et du mal, la morale dicte les comportements des individus, y compris en société, et ce faisant contribue à l'encadrement de leurs rapports, tout comme le droit.

Entre les obligations juridiques et les obligations morales il existe déjà une catégorie intermédiaire : celles des obligations naturelles par opposition aux obligations civiles. L'obligation naturelle est fondée sur le devoir moral, telle le versement d'une pension alimentaire à un frère ou une sœur dans le besoin. Elle s'impose en conscience à son débiteur qui est libre de l'exécuter ou non. Elle n'est pas susceptible d'exécution forcée ; en cela elle ressemble au devoir moral. Mais si son débiteur l'exécute volontairement, l'obligation naturelle devient une obligation juridique. Il est censé exécuter une obligation reconnue par le droit positif. Le seuil du juridique est atteint. En reconnaissant l'existence d'une obligation naturelle les tribunaux appellent à la vie juridique des devoirs moraux ou de conscience. Entre obligation morale et obligation juridique, entre droit et morale, l'obligation naturelle témoigne de l'absence de frontières nettes entre les deux sphères. Ripert a également contesté une présentation distincte du droit et de la morale après avoir constaté de nombreux points de pénétration entre eux. L'ensemble des règles de droit inspirées par des impératifs moraux plaide pour une union du droit et de la morale.

Au-delà des divergences doctrinales et autres divergences quant aux buts, sanctions et contenus qui plaident pour une opposition entre le droit et la morale, des convergences certaines peuvent être relevées. On constate ainsi que ces deux systèmes normatifs ont pour but d'imposer aux individus des principes et règles destinés à régir leur vie en société et à ce titre s'influencent et interfèrent entre eux.

Divergences et convergences ne cessent d'alterner quand on aborde les rapports du droit et de la morale, montrant que l'opposition apparemment réelle entre les deux (1) n'est en réalité que relative (2).

1 • UNE OPPOSITION RÉELLE

La théorie de la séparation entre le droit et la morale a été défendue par Kant. Elle trouve ses principaux arguments dans la différence de domaine (A) et de sanction (B) du droit et de la morale.

A - Des domaines différents

Parce qu'ils ont des buts différents, le droit et la morale ont un domaine différent. Leurs contenus se distinguent aussi puisque pour atteindre leurs objectifs, la forme et la teneur des règles sont différentes.

Si le droit et la morale imposent tous deux aux individus un ensemble de principes et de règles destinés à régir leurs comportements, ils poursuivent des objectifs distincts. La morale a une finalité individuelle, le perfectionnement intérieur de l'individu. Au contraire, le droit a une finalité sociale, l'agencement d'un certain ordre social, l'organisation des rapports inter-individuels.

Certes, la morale peut être collective et contribuer, comme le droit, à l'amélioration de la vie en société, au maintien de l'harmonie sociale, mais elle est avant tout individuelle.

Parce qu'elle vise à l'élévation de l'individu, la morale semble avoir des objectifs plus vastes que le droit. Parce qu'elle ne se contente pas de gouverner les actes extérieurs de l'homme mais aussi ses pensées, elle a une liste de devoirs plus étendus que le droit. Le droit, en revanche, s'en tient aux attitudes extérieures, ce qui ne lui permet pas de condamner des pensées que la morale pourtant réprouve. En l'absence de commencement d'exécution, le droit ne peut pas sanctionner l'intention pourtant moralement condamnable. Cette impuissance technique à appréhender certains phénomènes se double parfois d'une volonté de s'écarter de toute considération morale. La prescription en est l'illustration la plus marquante. Le droit estime que passé un certain délai les individus ne peuvent plus être tenus des actes délictueux qu'ils ont commis. L'écoulement du temps fait perdre son caractère juridiquement répréhensible à un acte qui moralement reste toujours condamnable. La même contrariété entre le droit et la morale se retrouve à propos non plus de la prescription extinctive mais de la prescription acquisitive qui admet qu'une personne puisse devenir titulaire d'un droit ou propriétaire d'une chose qui appartenait à autrui par la simple possession prolongée. La morale n'admet pas quant à elle que l'on détourne le bien d'autrui.

Le droit apparaît ainsi, dans une certaine mesure, moins contraignant que la morale puisqu'il n'impose que des règles régissant les rapports avec les tiers et non des règles de conduite personnelle. Et non seulement il est moins contraignant au sens où il impose moins de devoirs, mais il offre également à l'individu des droits. Dans un autre registre, le droit est plus contraignant car il est plus fortement sanctionnateur. Si le droit et la morale sont tous deux pourvus de sanctions qui assurent la garantie de leurs buts, commun ou respectif, ces sanctions ne sont en effet pas comparables dans leur nature.

B - Des sanctions différentes

Les sanctions du droit et de la morale sont de nature différente. En cas de violation d'une règle purement morale l'individu éprouvera des remords, des regrets, c'est-à-dire les reproches de sa propre conscience. Il s'agit donc de sanctions purement internes, très éloignées des sanctions juridiques traditionnelles dominées par les moyens de contrainte de l'autorité étatique. Les sanctions juridiques sont, contrairement aux sanctions morales, extérieures à l'individu en tant qu'elles sont prononcées par un tiers représentant le reste de la collectivité. Selon Kant, le droit est hétéronome (nul n'y peut être à la fois juge et partie ; les actes sont jugés et sanctionnés par des tiers) alors que la morale est autonome (chacun y est son propre juge ; chacun est juge de ses propres actes). Prononcées par l'autorité étatique les sanctions du droit se manifestent par des formes différentes des sanctions de la morale. La condamnation à des dommages-intérêts ou à une peine d'emprisonnement n'a aucune comparaison avec une sanction morale intérieure, ni même la réprobation sociale qui peut être une autre forme de sanction de la violation d'une règle morale.

Ce caractère interne ou personnel de la sanction relativise la portée des règles morales. La sanction de la conscience ne contraint que ceux qui se soumettent à la morale. Celle-ci est donc variable et tributaire de la volonté, de la conscience de chacun. À l'extrême, si la morale réprouve certains comportements, ceux qui n'en n'ont pas échappent à sa condamnation. Parfois, le droit prend le relais : en sanctionnant la violation de règles morales, il confère à la morale une nouvelle force. Ce passage se fait par l'absorption par le droit de règle morale, c'est-à-dire la traduction en obligations juridiques de commandements moraux. Une fois que la règle morale a été transformée en règle juridique son respect est garanti par la contrainte étatique.

Il faut voir entre le droit et la morale une complémentarité qui émerge de leurs convergences, rendant toute relative leur opposition.

2 • UNE OPPOSITION RELATIVE

Le droit et la morale ont des buts complémentaires et parfois communs comme la justice ou l'organisation sociale des individus, qui induisent des influences réciproques. Source d'inspiration et d'évolution constante, la morale est un véritable moteur du droit qui est souvent fondé sur une règle morale (A). Mais inversement, le droit peut se révéler un facteur d'évolution de la morale (B).

A - La morale, moteur du droit

La morale est une source d'inspiration du droit et agit sur son évolution.

Il existe de nombreux cas de confusion entre le droit et la morale. De nombreuses règles morales ont en effet été absorbées par le droit et s'expriment sous la forme d'obligations ou d'interdictions juridiques. Cette consécration juridique de règles morales se réalise de différentes façons.

Parfois, le droit adopte le contenu de règles morales sans s'y référer directement. Le devoir moral de ne pas nuire à autrui connaît ainsi plusieurs traductions juridiques comme l'interdiction de tuer ou de porter atteinte aux biens d'autrui. Le même phénomène est constaté pour toutes les infractions pénales qui sanctionnent les atteintes aux biens ou aux personnes.

D'autres fois, le droit se réfère directement à la morale pour condamner des comportements qu'elle réprouve. Ainsi le droit annule les contrats pour cause immorale (art. 1133, C. civ.), indemnise le préjudice moral, exige l'exécution de bonne foi des conventions (art. 1134, al. 3, C. civ.) ou condamne l'abus de droit, c'est-à-dire l'exercice d'un droit en contradiction avec les buts qui le justifient.

La morale est une source continuelle d'inspiration du droit même dans ses parties les plus techniques. On l'a vu avec l'exemple du Code de la route, on le retrouve quand on aborde les règles fiscales qui techniquement ne sont pas imprégnées de morale mais socialement le sont : le principe de l'impôt est moralement légitimé : il appartient à ceux qui gagnent de l'argent de participer au bien-être de ceux qui n'en ont pas ou moins. La répartition des richesses ou la participation au fonctionnement des services publics sont des impératifs dictés par la charité, notion morale s'il en est. On risque ainsi de toujours trouver un fondement moral aux règles juridiques. Le droit ne serait alors « pas autre chose que la morale relayée et sanctionnée par le groupe social ». Certains auteurs le défendent comme ils défendent l'idée que « le droit ne peut se développer que par une montée continue de la sève morale ». Légalement et jurisprudentiellement le droit doit être et est vivifié par la morale. En témoigne l'introduction de l'éthique (du grec, *êthos*, « mœurs », se définissant comme « l'art de diriger la conduite ») dans de nombreux secteurs socio-professionnels qui conduit par exemple à la constitution de morales professionnelles qui exigent du professionnel, dans des codes de bonne conduite, des engagements autres que juridiques. Le droit n'ignore pas ces morales, parfois même il les codifie (par exemple le Code de la déontologie médicale en 1979).

L'évolution de la morale n'est pas sans incidence. Elle permet une actualisation du droit. Toutes les grandes questions juridiques actuelles, les débats doctrinaux, sont influencés par des considérations morales. Elles sont par exemple au cœur de la protection de la dignité humaine, de la coparentalité (égalité homme-femme, nom de famille, autorité parentale) ou de la loyauté de la preuve ou de la moralisation des pratiques commerciales.

Il existe d'ailleurs dans le Code civil un article qui constitue une enclave de la morale au sein du droit, un rempart destiné à éviter certains dérapages contraires aux règles morales les plus élémentaires. Il s'agit de l'article 6 qui dispose que l'« *on ne peut déroger, par des conventions particulières aux lois qui intéressent l'ordre public et les bonnes mœurs* ».

Mais si on comprend bien le sens général de l'évolution du droit inspirée par la morale, la difficulté surgit quand il y a une certaine relativité des valeurs morales. Par exemple l'avortement est considéré tantôt comme un crime, tantôt comme un droit suivant les morales. Le droit à l'avortement traduit une morale libératrice de la femme qui est libre de déterminer sa fécondité et son rôle de procréatrice ou non. L'avortement-crime exprime au contraire le droit à la vie de l'enfant. En prenant partie, le droit va créer une nouvelle morale. Inversement, il contribue à son tour à faire évoluer la morale.

B - Le droit, facteur d'évolution de la morale

Il suffit de constater que l'application répétée des réformes législatives a permis de les faire entrer dans les mœurs. Il s'agit de toutes les réformes législatives qui, au moment de leur entrée en vigueur, choquent les partisans de la morale traditionnelle (ex. instauration du divorce en 1884, création du divorce par consentement mutuel en 1975, légalisation de l'avortement en 1975, principe d'égalité entre les enfants naturels et les enfants légitimes, instauration du PACS en 1999...). Alors qu'au départ ces réformes se sont heurtées à l'hostilité d'une partie de l'opinion publique, elles ont été progressivement mieux admises pour finalement « entrer dans les mœurs ». Ce qui signifie que leur application a fini par convaincre ou lasser une grande partie de leurs adversaires. Ainsi de nos jours la vie commune en dehors des liens du mariage ne choque plus la majorité de l'opinion publique, ce qui est la preuve qu'une règle juridique peut contribuer à faire évoluer la morale.

Avec la question de la gestation pour autrui, celle du mariage homosexuel illustre l'influence qu'exercent réciproquement l'un sur l'autre le droit et la morale. Aujourd'hui, le mariage entre personnes du même sexe est condamné en France (*Civ. 1re, n° 05-16.627, 13 mars 2007*). Le Conseil constitutionnel, saisi par la Cour de cassation d'une question prioritaire de constitutionnalité, a déclaré conformes à la Constitution les articles 75 et 144 du Code civil dont il résulte que « en droit français, le mariage est l'union d'un homme et d'une femme » (*Cons. const., déc 28 janv 2011, n° 2010-92 QPC*). Cette décision intervient après qu'il a déclaré conforme à la Constitution l'article 365 du Code civil qui s'oppose à l'adoption au sein des couples non mariés et, notamment, de personnes de même sexe (*Cons. const., déc 6 oct. 2010, n° 2010-39 QPC*). Ainsi, à la suite de la Cour de cassation, le Conseil constitutionnel condamne le mariage homosexuel. Pourtant si la généralisation des législations internes le reconnaissant (Belgique, Pays-Bas, Norvège, Suède, Espagne, Canada...) et la reconnaissance d'un partenariat homosexuel, proche du mariage, avec le PACS conduisent à une évolution du droit qui trouvera son aboutissement en 2013, le nouveau président de la République ayant annoncé l'adoption d'une loi autorisant le mariage homosexuel. Que dira alors la morale dans cinquante ans ?

Les pouvoirs publics, pour aider à faire naître une nouvelle morale, ont même institué le Comité consultatif national de l'éthique qui a pour mission d'émettre des avis sur les problèmes moraux qui sont soulevés par la recherche dans les domaines de la biologie, de la médecine et de la santé. Cette recherche d'éthique trouve son illustration dans l'adoption des lois dites « bioéthiques » dominées par le respect du corps humain (la loi n° 94-548 du 1er juillet 1994, n° 94-653 qui a créé le nouveau titre du Code civil traitant « du respect du corps humain », art. 16 à 16-13 et la loi n° 94-654 du 29 juillet 1994 et modifiées par la loi n° 2004-800 du 6 août 2004 et la loi n° 2011-814 du 7 juillet 2011).

Les règles juridiques, par le vote d'une loi au Parlement ou par des revirements de jurisprudence (par exemple en admettant les libéralités entre concubins après les avoir condamnées), peuvent évoluer plus rapidement que les règles morales qui changent plus lentement en raison d'un phénomène de pesanteur sociale hostile, par principe, à tout changement. La difficulté à adopter aujourd'hui de nouvelles lois, sur la gestation pour autrui ou l'euthanasie par exemple, témoigne de la volonté de prendre en considération la morale mais illustre, malgré les obstacles, la possibilité de faire évoluer la morale, voire de la créer. Les règles morales sont évolutives en fonction de l'idéal recherché par la société. Si celui-ci ne s'exprime pas, le droit prend le relais et, comme il est censé exprimer la volonté générale, construira la nouvelle morale. Il peut aussi la remplacer. Le droit peut constituer le minimum que l'individu va respecter. Il ne s'agira plus de morale puisqu'il ne s'agira pas de règles que l'individu s'impose de respecter, mais l'individu se sentira moralement tenu d'un devoir, techniquement imposé par le droit. La convergence est à son paroxysme : le respect du droit est aussi une règle morale.

Pour aller plus loin

Sujets portant sur des thèmes voisins

« Le droit se nourrit-il toujours de la montée continue de la sève morale ? »

« Les rapports du droit et de la religion »

« La laïcité, clé de répartition entre le droit et la religion »

Lectures autour du thème

– « Droit et mœurs », *Revue Droits*, 1994, n° 19.

– Ph. Jestaz, « Les frontières du droit et de la morale », *RRJ-Droit prospectif*, 1983, p. 334.

– Ph. Jestaz, « Pouvoir juridique et pouvoir moral », *RTD civ.* 1990.625.

– V. Lasserre, « Droit et religion », *D.* 2012, p. 1072.

Sujet 2 : Dissertation

La laïcité

La laïcité est une question propre au droit français, on évoque la laïcité à la française qui est au cœur de l'actualité notamment avec l'affaire Baby loup. Cette chronique judiciaire montre toute la difficulté du droit à trouver une position neutre et effective pour ménager la liberté religieuse et encadrer la montée des communautarismes.

La difficulté de ce sujet de dissertation est facile à comprendre il faut faire du droit et pas un travail polémique ou journalistique. Pour faire une dissertation juridique, il faut avoir acquis des connaissances et savoir ce que signifie, liberté religieuse, laïcité, communautarisme. Ensuite il faut rechercher et trouver un plan qui permette de faire le tour du sujet en s'appuyant sur une problématique qui ne soit pas polémique mais juridique.

« Je suis athée... Dieu merci ! » l'oxymore de Miguel de Unamuno résume remarquablement l'ambiguïté de la laïcité repoussant la religion tout en la protégeant !

La laïcité française s'est construite sur son opposition à la religion catholique et s'est traduite par l'adoption de la loi de 1905. La laïcité s'est donc forgée dans l'opposition du pouvoir étatique et du pouvoir religieux, elle a consacré leur séparation. Les défis de la laïcité ont changé. La difficulté ne vient plus du catholicisme, mais du communautarisme. Y a-t-il une opposition entre communautarisme et laïcité ? Le mot laïcité s'est formé au XIXe siècle sur l'adjectif laïque. Est laïc ou laïque selon le Littré ce qui n'est ni ecclésiastique, ni religieux. Le terme de laïcité apparaît en 1871 à propos de l'enseignement public. Dès la première moitié du XXe siècle la laïcité exprime la neutralité. Le communautarisme vient d'un courant de pensée américain des années 1980 qui entend mener une réflexion sur la place des communautés dans la démocratie libérale contemporaine. En France le terme n'est pas encore reconnu dans tous les dictionnaires, il apparaît tardivement et il est porteur d'une perception négative renforcée par la polémique menée par les médias, certains politiques.

On a cru clore le débat avec l'adoption de lois circonstanciées. Dernièrement la loi sur les signes religieux à l'école et l'interdiction du port de la burqua – loi du 11 octobre 2010 (n° 2010-1192) dans les lieux publics mais, les revendications subsistent et le débat est relancé notamment avec l'affaire Baby loup qui a défrayé la chronique judiciaire.

La France se singularise par la reconnaissance du principe de laïcité, présenté comme un pilier de la Constitution française, garantissant la neutralité de l'État et la liberté religieuse des individus. La France défend une tradition laïque qui s'articule avec la liberté de religion. Deux éléments coexistent : l'espace de liberté laissé à l'expression de la foi et ses limites dans le respect de l'ordre public et les droits fondamentaux d'autrui. Plus qu'une tolérance, les droits fondamentaux garantissent la liberté religieuse en assurant l'égalité entre les différentes religions. Une liberté s'oppose à l'État, au système juridique ; c'est le droit de pratiquer la religion de son choix. Un droit à la religion se réclamerait, l'État devrait en garantir l'exercice par des lois positives qui seraient le relais des exigences religieuses. Garantissant un espace de liberté religieuse, le droit n'offre pas pour autant une place revendicatrice à la religion. Cette dernière pour être protégée doit respecter la place qui lui est donnée. La liberté religieuse est opposable, mais elle n'est pas un droit supposant la consécration de règles religieuses dérogatoires aux règles de droit protectrices de l'intérêt général. Dans le rapport du Conseil d'État sur un siècle de laïcité, il est rappelé que la laïcité à la française se décline en trois points : la neutralité de pouvoir, la liberté religieuse, le respect du pluralisme religieux.

Depuis 1905, la laïcité, c'est là toute sa force, s'est révélée être une notion flexible. Si le noyau dur, liberté de religion et principe de séparation, persiste une évolution est perceptible. En période d'apaisement, après la réalisation de la séparation de l'Église et de l'État, la laïcité est une neutralité passive. Elle marque le retrait de l'État qui laisse un espace pour l'expression des pratiques religieuses. Puis, le tumulte est revenu avec l'utilisation politique des religions, les conséquences en France des conflits internationaux. La neutralité passive laissant l'expression publique des cultes a pris un nouvel aspect, elle devient active pour redéfinir les frontières d'un espace public, laïque où les signes religieux extérieurs sont proscrits et un espace privé où la liberté de religion est protégée.

Présentant deux aspects comme les deux faces d'une même pièce la laïcité garantit à la fois la neutralité à l'égard de toutes les religions (I) et la protection de toutes les religions (II).

1 • LA LAÏCITÉ, FACTEUR DE NEUTRALITÉ DU DROIT À L'ÉGARD DES RELIGIONS

La neutralité du droit à l'égard des religions prend deux formes d'expression opposées. La première est l'abstention, l'État se retire de la sphère religieuse tandis que, réciproquement, la religion accepte de se retirer de la sphère étatique (A).

La seconde est l'action, face aux revendications religieuses, la laïcité est contrainte à la réaction et par suite la neutralité de l'État français à l'égard du religieux s'exprime également par l'interdit. L'interdiction de certaines pratiques religieuses assure le retrait de la religion dans l'organisation de la société. Par conséquent, certaines règles religieuses sont condamnées par la règle de droit étatique, à côté de l'abstention se profile une action liée à la condamnation (B).

A - La neutralité par l'abstention

La neutralité caractéristique de la laïcité est donc le résultat d'un double mouvement de retrait réciproque : le retrait de l'État, d'une part, et le retrait des religions, d'autre part.

Le retrait de l'État d'une part passe par une séparation stricte de la sphère étatique et de la sphère religieuse. Conformément à la définition de la laïcité, elle assure la séparation des Églises et de l'État. Elle est affirmée par la loi concernant la séparation des Églises et de l'État. Cette dissociation dépasse, aujourd'hui, le cadre des Églises pour concerner les cultes que sont le judaïsme et l'islam. La loi du 9 décembre 1905 définit le régime juridique des relations entre l'État et les cultes, mais elle ne fait pas une référence expresse à la laïcité. Pourtant, celle loi est la clef de voûte de la laïcité à la française. En 1905, les liens entre l'État et l'Église catholique sont coupés : disparaissent, entre autres, la rémunération des prêtres, le service public des cultes tandis que le patrimoine immobilier ecclésiastique revient à l'État qui en laisse la disposition et l'entretien à l'Église. L'article 2 de la loi de 1905 précise que la République ne reconnaît, ne salarie ni ne subventionne aucun culte. L'interdiction de subvention supporte pourtant des tempéraments. Les activités sociales qui peuvent être qualifiées d'intérêt général, c'est-à-dire les œuvres sociales d'initiative confessionnelle, hôpitaux, hospices ou des activités culturelles ou éducatives échappent à l'interdiction. Symboliquement, c'est l'école, réputée lieu d'intégration qui a révélé la nécessité de confirmer la spécificité de la laïcité française. L'école laïque et républicaine doit garantir la neutralité du droit à l'égard de la religion en bannissant toute manifestation religieuse ostensible. À ce titre, le débat sur les ports des signes religieux à l'école participe à la distinction entre la sphère privée, lieu d'élection des opinions et pratiques religieuses, et la sphère publique espace préservé de toute influence religieuse. Cette distinction n'est que le prolongement des principes posés par la loi de 1905. L'actualité de la laïcité à l'École est indiscutable, le ministre de l'Éducation nationale a présenté, le 9 septembre 2013, la Charte de la laïcité à l'École.

Le retrait des religions de la sphère publique, d'autre part s'impose de longue date. Avant l'intervention de la loi du 15 mars 2004 et la charte de la laïcité à l'École, la jurisprudence du Conseil d'État a forgé cette distinction entre sphère publique laïque et sphère privée. Son avis du 27 novembre 1989 avait largement contribué à clarifier le débat. Il énonçait : « le principe de laïcité de l'enseignement public, qui est un des éléments de la laïcité de l'État et de la neutralité de l'ensemble des services publics, impose que l'enseignement soit dispensé dans le respect, d'une part, de cette neutralité par les programmes et par les enseignants, et, d'autre part, de la liberté de conscience des élèves. ». La tolérance et la neutralité est de principe à l'égard des convictions religieuses de chacun, mais toute provocation, pression, propagande, prosélytisme perturbant l'enseignement ou introduisant un trouble dans le fonctionnement du service public et de l'établissement sont interdits. Le principe était donc déjà affirmé, mais la loi du 15 mars 2004 a valeur de symbole complétant l'arsenal juridique existant pour que les chefs d'établissement n'assument plus au cas par cas le respect de la discipline. Comme il l'a été démontré, cette loi est un signe en faveur de la laïcité, la réaffirmation des valeurs républicaines. Sans être réfractaires à toute manifestation religieuse, les services publics sont tenus de respecter une stricte neutralité. Le principe conduit à interdire toutes manifestations religieuses dans les services publics. Par exemple, le Conseil d'État interdit à un agent public en poste à l'École nationale supérieure des arts et métiers d'utiliser son adresse électronique professionnelle pour échanger des courriels en qualité de membre de l'Association pour l'unification du christianisme mondial (CE, sect., 15 octobre 2003, n° 244428). La laïcité interdit aux agents publics, dans le cadre du service public, le droit de manifester ses convictions religieuses quelles qu'elles soient. Le port d'un signe religieux ostentatoire ou pas dans l'exercice de ses fonctions par un agent public est un manquement à ses obligations. La neutralité des services publics fait partie des principes constitutionnels régissant le service public. Le Conseil constitutionnel va dans le même sens en précisant que le principe d'égalité et de neutralité du service est un des principes fondamentaux du service public.

Bref, la neutralité des services fait partie des principes constitutionnels régissant le service public : « le principe de neutralité s'impose aux services publics ». Dans une décision récente, le Conseil constitutionnel a rappelé qu'il résulte du principe de laïcité issu de l'article 1er de la Constitution de 1958 à la fois la neutralité de l'État, le respect de toutes les croyances et l'égalité de tous les citoyens devant la loi sans distinction de religion (Cons. const., 21 févr. 2013, n° 2012-297 QPC). Cette neutralité s'exprime de différentes manières. Elle s'oppose à ce que soient apposés sur des édifices publics des signes exprimant des opinions politiques, religieuses ou philosophiques, ainsi le tribunal administratif de Caen le 26 octobre 2010, s'est opposé à la présence d'un tableau du Maréchal Pétain dans la salle d'un conseil municipal.

Le retrait de la religion de la sphère publique pour certain est très exigeant, il s'oppose à ce que les parents qui accompagnent les enfants lors d'une sortie scolaire manifestent leur appartenance religieuse car « en qualité d'accompagnateurs, les parents d'élèves se placent vis-à-vis des enfants dans une situation comparable à celle des agents publics ». C'est ainsi qu'un tribunal administratif a jugé que le règlement intérieur d'une École élémentaire peut imposer aux parents accompagnant les sorties scolaires de respecter les règles de la laïcité en 2011. Cette décision ne fait toutefois pas l'unanimité et il a été décidé que la liberté religieuse imposait d'accepter certains signes religieux car les parents ne sont pas des agents publics au sens propre. Ce retrait du religieux de la sphère publique explique qu'en ce qui concerne les contrats de travail de droit privé, les convictions religieuses restent hors du contrat de travail, mais elles ne doivent pas entraver son exécution. La Cour de cassation a précisé que « s'il est exact que l'employeur est tenu de respecter les convictions religieuses de son salarié, celles-ci, sauf clause expresse, n'entrent pas dans le cadre du contrat de travail et l'employeur ne commet aucune faute en demandant au salarié d'exécuter la tâche pour laquelle il a été embauché dès l'instant que celle-ci n'est pas contraire à une disposition d'ordre public. » En ce qui concerne les contrats, la nécessité de faire entrer les convictions religieuses dans le champ contractuel est un moyen de poser une limite à la prise en compte du sentiment religieux sans bouleverser l'ordre juridique.

Ce double retrait réciproque de l'État et de la religion permet de tracer la limite de l'intervention de chacun. La religion se trouve cantonnée à la sphère privée, où elle est expressément protégée par les droits fondamentaux. La limite de la neutralité entraînant l'interdiction du port du voile se trouve donc dans l'espace public et l'expression du service public. À partir de ce principe, la question se déplace sur l'espace qu'il faut réserver aux salariés travaillant pour des employeurs privés et n'exerçant pas un service public. Habituellement, la jurisprudence se reportait au contenu et aux exigences du contrat de travail. L'affaire Baby Loup a permis d'expliciter les éléments du débat. La Cour de cassation chambre sociale, le 19 mars 2013, pour annuler le licenciement d'une employée de la crèche privée Baby Loup qui entendait porter le voile au travail avait estimé que la clause du règlement intérieur prévoyant que « le principe de la liberté de conscience et de religion de chacun des membres du personnel ne peut faire obstacle au respect des principes de laïcité et de neutralité qui s'appliquent dans l'exercice de l'ensemble des activités développées par Baby Loup, tant dans les locaux de la crèche ou ses annexes qu'en accompagnement extérieur des enfants confiés à la crèche, (...) » n'était pas assez précise pour répondre aux exigences du Code du travail et introduisait une discrimination fondée sur la religion. L'Assemblée plénière de la Cour de cassation, dans la même affaire, le 29 juin 2014, apporte une analyse différente de la même clause. Elle estime qu'elle ne présente pas un caractère général générateur de discrimination, mais au contraire, est précise et est justifiée par les missions accomplies par les salariés de l'association Baby Loup. Elle en conclut que le licenciement était justifié parce que la salariée a refusé d'accéder aux demandes licites de son employeur en s'abstenant de porter le voile dans le cadre de son travail.

L'Assemblée plénière apporte une pierre importante à la construction de la ligne séparatrice de la sphère publique et privée et assure l'effectivité de la laïcité par le retrait réciproque de chacun dans sa sphère. Mais cette neutralité par l'abstention ne suffit pas toujours et la neutralité par l'action est le complément nécessaire pour assurer la neutralité du droit à l'égard des religions.

B - La neutralité par l'action

L'interdiction – l'action est parfois indispensable pour garantir la laïcité. Cette dernière devient un principe actif et non pas passif. Par conséquent, au nom de la laïcité sont interdites les manifestations religieuses ostentatoires dans la sphère publique et les pratiques religieuses contraires à l'ordre public.

Le port du voile à l'école est l'illustration même de la consécration d'un interdit pour préserver une stricte laïcité. C'est au nom de la conception française de la laïcité génératrice d'un modèle d'intégration orignal que la loi du 15 mars 2004 a été votée. La laïcité française suppose un refus du communautarisme, elle « doit se donner les moyens de faire coexister sur un même territoire des individus qui ne partagent pas les mêmes convictions, au lieu de les juxtaposer en une mosaïque de communautés fermées sur elles-mêmes et mutuellement exclusives... ». Par conséquent, l'interdit frappe l'excision, la polygamie et le port de signes religieux manifestement ostensibles dans les établissements scolaires publics. L'objectif de la loi de mars 2004 est de consacrer une laïcité active pour justifier une restriction des droits consacrant la liberté de conscience et d'expression religieuse au sein de l'école et dans la sphère publique pour assurer le besoin de neutralité et de sérénité de la mission éducative. En France, avant la loi de 2004, il fallait pour interdire le port de signes religieux qu'il soit l'expression d'un prosélytisme affiché et jette un trouble à l'ordre public notamment en portant atteinte à l'obligation d'assiduité. Désormais, le principe est celui de l'interdiction des signes religieux ostentatoires. Le choix politique en faveur du renouveau de la laïcité est nettement affirmé. En outre, La France est désormais dotée d'une loi interdisant le voile intégral dans les espaces publics. La loi du 11 octobre 2010 contre le port de la burqa, accompagnée d'une circulaire du 2 mars 2011 (JO 3 mars 2011) ressort de la même logique que la loi de 2004, puisqu'elle pose une interdiction générale de dissimulation du visage dans l'espace public (art. 1er). L'espace public est défini comme comprenant : les voies publiques, les lieux ouverts au public ou les lieux affectés à un service public. Une contravention est encourue en cas de violation de cette interdiction : amende de 2e classe : 150 € ou plus qui s'accompagne, éventuellement d'un stage de citoyenneté. Les dispositions légales visant à sanctionner toute contrainte faite à un tiers de dissimuler son visage sont entrées en vigueur immédiatement (12 oct. 2010). En revanche, la loi prévoyait un délai de 6 mois après sa promulgation pour l'entrée en vigueur de la mesure d'interdiction générale de la dissimulation du visage, cette interdiction est entrée en vigueur le 11 avril 2011. La première décision mettant en œuvre ces dispositions infligeant une sanction à une femme voilée est intervenue le 16 avril 2013.

Les pratiques religieuses attentatoires à l'ordre public sont réprimées depuis longtemps. Une des interdictions les plus emblématiques concerne la condamnation pénale de l'excision. Cette dernière est qualifiée de mutilation et est condamnée par les articles 222-9 et 222-10 du Code pénal à une peine de 10 ans d'emprisonnement ou de 15 d'emprisonnement si les violences sont commises sur des mineures de moins de 15 ans et des amendes de 150 000 €. Pour lutter plus efficacement contre ces pratiques, le délai de prescription de l'action publique est porté à vingt ans (art. 222-10) par la loi du 4 avril 2006. La même loi permet de poursuivre si les faits sont commis à l'étranger sur une Française ou sur une mineure résidant en France (art. 222-16-2). Les Cours d'assises ont déjà condamné des parents qui avaient envoyé leurs filles, mineures, en Afrique afin qu'elles soient excisées. D'importantes campagnes de prévention sont menées pour faire connaître l'interdiction posée par le droit français dans les milieux concernés. L'appartenance à la Secte des Témoins de Jéhovah pose des difficultés similaires à celles de l'excision en ce qui concerne le refus des transfusions sanguines. Ce refus heurte l'obligation faite aux médecins de soigner ; ces derniers courent le risque d'être poursuivis pour non-assistance à personne en danger. La jurisprudence administrative est constante sur ce point, il existe un ordre public médical qui implique que les médecins peuvent passer outre le refus des patients Témoins de Jéhovah de supporter la transfusion de produits sanguins. Une exception au consentement du patient est ainsi introduite pour protéger sa santé.

Plus généralement les dérives sectaires sont condamnées par le droit français. Si l'État est neutre à l'égard des religions et qu'il ne les accueille pas, cela lui laisse le champ libre pour être en mesure d'en condamner tous les excès. Ces excès visent les signes ostentatoires, mais aussi les abus menés par les sectes. La distinction entre sectes et religion pose d'insurmontables difficultés. Il faut renoncer à donner une définition juridique des sectes. Du coup, l'appréhension du phénomène sectaire par le droit français repose sur les critères criminels : la Commission d'enquête sur les sectes opte pour les critères utilisés par les renseignements généraux. En raison de leur dangerosité, les sectes sont condamnées là où les religions sont protégées. Le traitement réservé aux sectes montre que la laïcité est le garant du respect du pluralisme religieux, les religions reçoivent la protection de la liberté religieuse telle que garanties par nos textes fondateurs.

2 • LA LAÏCITÉ, FACTEUR DE PROTECTION DE LA LIBERTÉ RELIGIEUSE

La laïcité garantit le pluralisme religieux. Jean Carbonnier l'a souligné avec brio : notre droit public des cultes, dans la loi du 9 décembre 1905 concernant la séparation des Églises et de l'État, ne distingue pas entre les religions suivant leur importance, leur ancienneté, leur contenu de dogmes ou d'observances. Pas davantage notre droit privé du fait religieux n'a à distinguer entre elles : il doit enregistrer la présence d'une religion dès qu'il constate qu'à l'élément subjectif qu'est la foi se réunit l'élément objectif d'une communauté, si petite soit-elle. Formuler des distinguos reviendrait à instaurer parmi nous quoiqu'avec d'autres conséquences – la hiérarchie du XIXe siècle entre cultes reconnus et non reconnus... Cette égalité d'honneurs, toutefois doit avoir sa contrepartie dans une égale soumission au droit commun. La protection se fait à travers le prisme des droits fondamentaux qui consacrent la liberté de religion tant au plan international (B) qu'au plan interne (A).

A - La liberté de religion, consacrée par l'ordre juridique français

La liberté de religion est garantie par la Déclaration française des droits de l'homme et du citoyen du 26 août 1789 qui dans son article 10 précise que « nul ne doit être inquiété pour ses opinions, même religieuses », par la Constitution française qui dans son article premier énonce que « la France assure l'égalité devant la loi de tous les citoyens sans distinction d'origine, de race ou de religion. Elle respecte toutes les croyances ».

L'article 1er de la Constitution de 1946 consacre le principe de laïcité. Le Préambule de la Constitution de 1946 et le Préambule de la Constitution de 1958 rappellent la notion de laïcité dans l'enseignement : l'organisation de l'enseignement public gratuit et laïque à tous les degrés est un devoir de l'État. L'article 1er de la Constitution de 1958 réitère : « La France est une République indivisible, laïque, démocratique, et sociale. Elle assure l'égalité devant la loi de tous les citoyens sans distinction d'origine, de race ou de religion. Elle respecte toutes les croyances. ». L'article 1er de la constitution de 1958 implique le respect de la liberté de conscience : neutre et laïque, l'État ne saurait pratiquer la moindre discrimination à l'égard de tel ou tel mouvement religieux ni favoriser telle ou telle propagande qui pourrait nuire à l'un d'eux dans la mesure, bien entendu, où chacun respecte, dans sa manifestation sociale, les prescriptions étatiques de l'ordre public. (J. Robert, Constitution et religions minoritaires).

La liberté de religion est un des éléments de la liberté de conscience, ce principe étant lui-même un des principes fondamentaux reconnus par les lois de la République en application de la jurisprudence du Conseil constitutionnel.

Le résultat est une protection efficace de la liberté de la religion à travers la protection de la vie privée. La laïcité est un principe garantissant la protection du sentiment religieux par la protection de la vie privée.

Le respect de la vie privée, garanti par l'article 9 du Code civil, couvre également le secret de la religion. La Cour de cassation a consacré l'inclusion de la protection de la religion dans le domaine de l'article 9 du Code civil. La laïcité, principe constitutionnel, implique que les autorités scolaires, administratives n'ont pas à connaître la religion ou l'absence de religion des administrés. De même, l'état civil ne mentionne l'appartenance religieuse des citoyens. Déjà en application de l'article 11 de la loi du 11 mars 1868, par un arrêt du 28 février 1874, la Cour de cassation estimait que la participation à un pèlerinage est un acte relevant de la vie privée, révéler le nom des participants constitue une violation de l'article 11 de la loi de 1868. Cette utilisation de l'article 11 de la loi de 1868 a été réitérée pour interdire la publication d'un annuaire contenant les noms des personnes de confession israélite alors que l'affaire Dreyfus divisait la France. Un siècle plus tard, la même orientation est confirmée avec la condamnation d'un journal italien qui faisait état de la religion hébraïque d'un acteur : la divulgation d'une telle information est une violation de la vie privée. Un mouvement de fond se dessine en jurisprudence même s'il reste quelques décisions dissidentes. Ainsi il n'est pas possible de demander sa religion à un candidat à l'embauche, l'interdiction de faire figurer sur les fichiers informatisés des informations à caractère personnel concerne l'appartenance religieuse, de même ces informations ne peuvent figurer ni sur l'état civil, ni sur la carte d'identité. L'appartenance religieuse est protégée au même titre que d'autres éléments concernant la vie privée : orientation sexuelle, opinions politiques, signe astrologique. La Cour de cassation s'est prononcée pour la première fois en 2001 avec la plus grande prudence. Le conflit familial se prêtait à l'affirmation de la protection de la vie privée : le mariage d'un homme et d'une femme était compromis par la publication dans la presse, à la demande de l'ex-mari de cette dernière, d'informations révélant la religion musulmane des futurs époux et dénonçant l'absence de dissolution du premier mariage religieux de la future épouse. Cette révélation portait préjudice au futur mari qui subit des discriminations en raison de sa religion et est déconsidéré dans la communauté musulmane. La Cour de cassation, tout en faisant référence à l'appréciation souveraine des juges du fond, souligne que la cour d'appel a pu constater une atteinte à la vie privée et met en exergue l'intention malveillante de l'ex-mari auteur des révélations sur l'appartenance du couple à la communauté musulmane. Une partie de la doctrine estime que toute révélation concernant la religion d'autrui est une atteinte à la vie privée. L'application de l'article 9 du Code civil est un moyen de protéger la liberté religieuse en tenant compte de la neutralité imposée par le principe de laïcité.

Cependant une contradiction semble apparaître entre ce principe et celui posé par l'article 9 de la Convention européenne des droits de l'homme assurant « la liberté de manifester sa religion ou sa conviction individuellement ou collectivement, en public ou en privé, par le culte, l'enseignement, les pratiques et l'accomplissement des rites ». L'article 1er de la loi de 1905 pose le principe de la liberté de conscience : la République assure la liberté de conscience. D'aucuns ont proposé de distinguer entre la pratique d'une religion protégée par l'article 9 du Code civil et l'appartenance qui ne serait pas protégée. Une telle distinction ne convainc pas. La laïcité à la française entend aménager un espace privé à l'affirmation et l'exercice du culte. L'approche de la Convention européenne des droits de l'homme est celle de la consécration d'un droit à la religion qu'il serait possible de revendiquer y compris dans son expression publique. C'est tout le sens de l'article 9 de la Convention : l'affirmation de sa liberté de conscience et de sa religion passe par « le droit d'exposer publiquement et individuellement son appartenance à une communauté religieuse ». Au demeurant, la neutralité qu'impose la laïcité ne devrait pas interdire l'affirmation par l'intéressé de son appartenance religieuse. D'ailleurs, le Conseil d'État, dans son avis de 1989 relatif au port des signes religieux à l'école, le rappelait en ces termes : « la liberté... comporte pour eux [les élèves] le droit d'exprimer et de manifester leurs croyances religieuses à l'intérieur des établissements scolaires, dans le respect du pluralisme et de la liberté d'autrui sans qu'il soit porté atteinte aux activités d'enseignement, au contenu des programmes et à l'obligation d'assiduité. ». La manifestation de sa croyance qui conserve un caractère éminemment social ne devrait pas être brimée. À ce titre et en dehors du contexte scolaire, les juridictions civiles ont rappelé, à l'occasion d'un changement de prénom, que le port d'un prénom musulman « constitue l'exercice par le requérant de la liberté de manifestation de sa foi religieuse qui lui est reconnue par la Déclaration des droits de l'homme et du citoyen, par la constitution de 1958 et par la Convention européenne des droits de l'homme et des libertés fondamentales ».

En fait, la situation est différente quand l'appartenance à une religion et l'exercice du culte est révélée par autrui et n'est pas manifestée par l'intéressé lui-même. La liberté religieuse et le respect de la vie privée ne sont donc pas deux principes qui s'opposent frontalement et dont il faut jauger la valeur de l'un envers l'autre. En réalité, ces deux principes protecteurs ont chacun leur domaine. L'un permet d'exprimer son appartenance religieuse sans supporter brimades ou discriminations. L'autre permet à tout à chacun de placer ses convictions religieuses dans la sphère protectrice de sa vie privée. La combinaison de ces deux principes assure une protection à la mesure de la liberté de chaque individu. Un compromis tend à être élaboré par la jurisprudence : la photographie d'un pratiquant à l'intérieur d'un lieu de culte n'est pas une atteinte à la vie privée et pourtant si les lieux de cultes sont publics, les cérémonies s'y déroulant peuvent présenter un caractère privé justifiant l'application de l'article 9 du Code civil. Ce même compromis se retrouve dans la possibilité offerte de manifester publiquement ses convictions religieuses à condition de respecter l'ordre public et de ne pas substituer les règles religieuses aux règles de droit. La manifestation dans la sphère publique ne se confond pas avec l'immixtion dans la sphère juridique.

Fort de la laïcité, le droit peut sous prétexte de mise en œuvre du principe de laïcité assurer la protection des croyances. La protection des croyances passe par l'absence d'intervention de l'État. La loi de 1905 l'affirme en précisant que la République : garantit le libre exercice des cultes sous les seules restrictions édictées ci-après dans l'intérêt de l'ordre public. Le principe est celui de la réserve et de l'abstention. Cependant, cette discrétion ne doit pas autoriser les atteintes graves au respect des croyances.

Ainsi la laïcité autorise, mais dans le respect de la neutralité, l'adoption de textes protégeant les différentes religions contre les discriminations, contre les diffamations. La protection des religions est alors assurée par les règles de droit. Deux exemples peuvent être retenus : la protection des lieux de culte d'une part, et, la garantie du respect des croyances d'autre part.

La protection des lieux de culte est considérée comme nécessaire et déjà l'article 32 de la loi de 1905 prévoit des peines d'amendes et d'emprisonnement à l'encontre de toute personne retardant ou interrompant l'exerce d'un culte. Plus récemment, la loi n° 2000-88 du 3 février 2003 aggrave les peines encourues en présence d'infraction à caractère raciste, antisémite ou xénophobe. Cette loi ajoute à l'article 322-3 du Code pénal un alinéa précisant que lorsque l'infraction de destruction, de dégradation, de détérioration du bien d'autrui « est commise à l'encontre d'un lieu de culte... les peines encourues sont... portées à cinq ans d'emprisonnement et 75 000 euros d'amende ». Comme le souligne expressément le Conseil d'État : « Dans de tels cas, l'État n'a plus seulement un devoir de neutralité mais aussi un devoir de protection ».

La protection des croyances est assurée par l'article 2 de la Constitution de 1958 qui précise que la France respecte toutes les croyances. Un droit de la personnalité se trouve consacré à partir de ce principe constitutionnel. Le juge protecteur des droits et des libertés fondamentales considère qu'il faut sanctionner les atteintes aux sentiments religieux. En 1984, le tribunal de grande instance de Paris est intervenu à propos de l'affiche du film Ave maria. En son temps, le juge des référés avait ordonné l'enlèvement des affiches au nom du respect des croyances, il considérait que la représentation du symbole de la croix dans les conditions de l'affiche était une « intrusion agressive et gratuite dans le tréfonds intime des croyances de ceux qui voient... en dehors de toute manifestation de volonté de leur part... une manifestation publicitaire et commerciale, contestable et trompeuse, constitutive, en tout état de cause, d'un trouble manifestement illite. »

Cependant, cette protection se place dans un équilibre d'ensemble entre la liberté d'expression et le respect des croyances. Les lignes de démarcation entre les droits fondamentaux évoluent : le respect des croyances ne doit pas entraver la liberté d'expression. La deuxième chambre civile de la Cour de cassation a estimé que des dessins caricaturaux s'attaquant aux symboles de la religion catholique « n'ont pas pour finalité de susciter en état d'esprit de nature à provoquer à la discrimination, la haine ou la violence, et ne caractérisent pas l'infraction prévue par l'article 24, alinéa 6, de la loi 29 juillet 1881 ». De plus, la Cour de cassation estime qu'il n'y a pas de faute sur le fondement de l'article 1382 du Code civil. Le fait que certains croyants aient pu être choqués par des dessins provocateurs, irrévérencieux et blasphématoires n'est pas suffisant pour entraver la liberté d'expression. À cette occasion, la Cour rappelle que l'abus de la liberté d'expression est réprimé par la loi du 29 juillet 1881 et ne peut pas être réparé sur le fondement de l'article 1382 du Code civil confirmant sa jurisprudence précédente relative à l'autonomie et la prééminence de cette loi sur l'article 1382 du Code civil. Ce choix implique que toute atteinte au respect des croyances passe par la qualification de la diffamation et de l'injure de la loi de 1881. Il montre que la neutralité qui caractérise le droit français conduit à la consécration de la liberté d'expression. La protection des croyances et des sentiments religieux est restreinte pour dépendre de la preuve d'une diffamation. Cette évolution du droit français est illustrée par les dernières décisions de justice. En 2002, le tribunal de grande instance de Paris à propos de l'affiche du film « Amen » qui représentait une croix chrétienne prolongée d'une croix gammée considère qu'il n'y a pas diffamation : « le principe de légalité exige que toute restriction apportée à la liberté d'expression soit inscrite dans le droit positif ; que seule l'existence d'une diffamation au sens de la loi sur la pression serait susceptible de caractériser le trouble allégué. » La rupture est acquise par rapport à la décision concernant l'affiche du film « Ave maria ». La laïcité implique un retrait de la règle de droit sauf en présence d'une atteinte abusive et caractérisant la diffamation.

En dernier lieu, la même logique semble s'imposer dans l'affaire des caricatures du prophète Mahomet. Saisi d'une plainte de l'union des organisations islamiques de France et de la Grande Mosquée de Paris, le tribunal correctionnel de Paris, le 22 mars 2007, a statué sur les caricatures du prophète Mahomet publiées au Danemark par le Jyllands Posten et reprises en France, entre autres, par le journal « Charlie-hebdo ». Les plaignants estiment que ces caricatures portent atteinte à la dignité du culte musulman et sont une injure publique à l'égard d'un groupe de personnes en raison de leur religion. Le Procureur de la République a requis la relaxe considérant que le délit d'injures publiques n'était pas constitué. Elle a précisé que : « La Cour européenne des droits de l'homme admet le principe selon lequel la liberté d'expression peut dépasser la liberté de croyance quand il n'y a pas d'attaques contre des convictions religieuses et qu'il s'agit d'un débat de société. ». Le tribunal a relaxé le directeur de publication de l'hebdomadaire satirique considérant que les caricatures ne constituent pas une injure à l'égard de la communauté musulmane. Si le respect de la religion n'est pas nié, la présence d'un débat politique et de société justifie la protection de la liberté d'expression. Il est constant que les différentes religions doivent tolérer la critique et la caricature tant qu'il n'y a pas un trouble illicite et une atteinte à l'ensemble de la religion.

B - La liberté de religion, consacrée à l'international

La Convention européenne des droits de l'homme défend cette liberté par son article 9 qui affirme : « toute personne a droit à la liberté de pensée, de conscience et de religion ; ce qui implique la liberté de changer de religion ou de conviction, ainsi que la liberté de manifester sa religion ou sa conviction individuellement ou collectivement, en public ou en privé, par le culte, l'enseignement, les pratiques et l'accomplissement des rites ». La Cour européenne des droits de l'homme a précisé que cette liberté est l'une des assises de toute société démocratique. Elle laisse les États liés par la Convention européenne des droits de l'homme la liberté de définir quelle place il faut laisser dans la société aux manifestations religieuses au regard du principe de laïcité. Par des arrêts de 2009, la Cour reconnaît aux États le droit de « limiter la liberté de manifester une religion, par exemple le port du foulard islamique, si l'usage de cette liberté nuit à l'objectif visé de protection des droits et libertés d'autrui, de l'ordre et de la sécurité publique ».

Dans cette mesure le principe de la liberté religieuse fait l'unanimité, il est réaffirmé dans la Charte des droits fondamentaux proclamée à Nice et intégrée dans le traité instituant une constitution européenne et entrée en vigueur en même temps que le traité de Lisbonne. Ce principe n'est pas inutile tant la question religieuse connaît un traitement différent d'un État à l'autre de l'Union européenne. Le continent européen est historiquement tourné vers le christianisme, qu'il soit catholique en Espagne, en Irlande, en Italie ou à Malte, qu'il soit protestant au Danemark, en Finlande, au Royaume-Uni ou en Suède ou encore qu'il soit orthodoxe en Grèce. Certains États membres ont une religion d'État, d'autre non. Certains ont renoncé récemment à la religion d'État : les Pays-Bas, l'Italie, la Suède qui est pourtant la seule à choisir implicitement la laïcité. Les autres États préfèrent généralement le principe du pluralisme religieux.

L'appréhension de la religion par le droit est donc marquée par la discrétion de ce dernier soucieux de ne pas s'immiscer dans la sphère spirituelle et de respecter à la lettre la neutralité imposée par la laïcité.

Pour aller plus loin

Sujets portant sur des thèmes voisins

« Les rapports du droit et de la religion »

Lectures autour du thème

- V. Lasserre, « Droit et religion », *D.* 2012.1072.
- J. Carbonnier, « La religion, fondement du droit ? », Arch. ph. dr., tome 38, éd. Dalloz Sirey, 1994, p. 17.

Sujet 3 : Commentaire

Cour de cassation, chambre sociale, 4 décembre 1996, n° de pourvoi 94-40693 94-40701

Vu les articles 1134 et 1135 du Code civil, ensemble l'article 12 du nouveau Code de procédure civile ;

Attendu que M. X... et 8 autres salariés de la société Ecoplastic, ayant travaillé le lundi de Pâques 12 avril 1993, le jeudi de l'Ascension 20 mai 1993 et le lundi de Pentecôte 31 mai 1993, ont perçu le salaire correspondant ; qu'ils ont prétendu que leur salaire devait être, pour ces 3 jours fériés, majoré de 100 % et ont saisi de cette réclamation la juridiction prud'homale

Attendu que, pour admettre l'existence d'une créance de salaires, de congés payés et de dommages-intérêts pour chacun des salariés concernés, le conseil de prud'hommes a énoncé que si ni la loi ni la convention collective ne précisent rien sur la rémunération particulière, en dehors du 1er mai, elles ne comportent pas pour autant l'interdiction de paiement particulier ;

qu'il convient alors au juge, devant l'imprécision de la loi du 19 janvier 1978 ne légalisant que le statut minimum dans le cadre du chômage du jour férié, d'examiner les demandes en équité, sur la base en particulier de l'article 1135 du Code civil ; que si en cas de non-travail d'un jour férié, il y a maintien du salaire, il serait inéquitable en cas de travail effectif de n'en rester qu'à l'attribution d'un salaire identique ;

Attendu, cependant, que les jours fériés ne sont pas, à l'exception du ler mai, nécessairement chômés que le salarié, qui travaille un jour férié, n'a droit, à défaut de dispositions particulières résultant de la convention collective ou de son contrat, qu'à son salaire ;

Qu'en statuant, comme il l'a fait, alors que l'équité n'est pas une source de droit, le conseil de prud'hommes a violé les textes susvisés ;

PAR CES MOTIFS

CASSE ET ANNULE, mais seulement en ce qu'ils ont fixé la créance de MM. X..., Y..., A..., Z..., M..., R..., H..., V... et B..., les 9 jugements rendus le 22 novembre 1993, entre les parties, par le conseil de prud'hommes de Saintes ;

Une analyse de l'arrêt peut être menée en recherchant les éléments suivants qui seront utilisés dans le commentaire :

- le point de droit discuté ;

- la définition et les fonctions de l'équité ;

- la solution retenue en première instance ;

- le sens de la décision de la Cour de cassation ;

- la valeur de la décision de la Cour de cassation : la solution de la Cour est-elle conforme à ses décisions antérieures ;

- la portée de la décision de la Cour de cassation : que peut-on déduire de cette décision sur les sources du droit ?

La Cour de cassation rappelle dans cette décision que « l'équité n'est pas une source de droit ». En réalité, l'arrêt de la Cour de cassation précise la place de l'équité dans le jugement. Les juges ne peuvent pas avoir recours exclusivement à l'équité pour motiver leur décision. Ils doivent motiver leurs décisions conformément à une règle de droit sous peine de censure par la Cour de cassation. Pour autant l'équité peut jouer une fonction, correctrice et supplétive. D'une part, l'équité correctrice va servir à corriger la rigueur de la règle de droit. Cela rejoint le pouvoir modérateur du juge. D'autre part, l'équité supplétive sert à compléter la règle de droit imprécise ou silencieuse. Elle permet au juge de remplir son obligation légale de statuer posée à l'article 4 du Code civil.

Dura lex, sed lex !

La formule est connue. Est-elle pour autant correcte ? Le juge doit-il toujours appliquer la loi même si elle est sévère ou injuste ou peut-il statuer en équité ? C'est la question qui a été soumise à la Cour de cassation à propos de la possibilité ou pas d'octroyer à des salariés qui avaient travaillé pendant des jours fériés une majoration de salaire en l'absence de disposition légale ou de stipulation conventionnelle.

L'équité peut être définie comme le « sentiment naturel, spontané, du juste et de l'injuste ». Elle constitue un principe selon lequel chacun peut prétendre à un traitement juste, égalitaire et raisonnable. L'idée de justice se manifeste à la fois par un traitement égal des situations identiques et l'octroi de droits spécifiques à ceux dont la situation est jugée désavantageuse. L'équité vise une égalité proportionnée à la situation des individus. Le sens même du terme « équité », renvoyant à l'idée de juste milieu, montre que la notion est réfractaire à toute généralisation. C'est ce qui la distingue du droit objectif. Le droit objectif représente l'ensemble des règles de droit qui régissent la vie des hommes en société. Il est composé de normes générales et applicables à tous indépendamment de la situation de chacun. L'application mécanique du droit par le juge peut donc conduire à une solution injuste. Il est injuste par exemple de punir celui qui vole du pain parce que son enfant est en train de mourir de faim. L'équité peut-elle être utilisée par les juges pour corriger ces effets injustes qui n'ont certainement pas été voulus par le législateur ? Appliqué aux faits, il s'agissait de savoir si le juge ne doit juger qu'en droit et ne pas accorder cette demande de majoration de salaire aux salariés ou faut-il au contraire statuer en équité pour gratifier les salariés qui ont travaillé d'une rémunération supérieure à celle de ceux qui n'ont pas travaillé pendant les jours fériés ? La question pose indéniablement un problème d'équité (I). Pourtant, les juges ne peuvent le résoudre que par un jugement fondé en droit (II).

1 • UN PROBLÈME D'ÉQUITÉ

Les données du problème (A) appellent une lecture différente selon que les juges appliquent la loi ou utilisent les réponses guidées par l'équité (B).

A - Les données du problème

Les requérants, neuf salariés de la société Ecoplastic ayant travaillé trois jours fériés, ont assigné leur employeur devant le Conseil de Prud'homme pour obtenir une majoration de 100 % de leur salaire les trois jours fériés travaillés.

Le tribunal a fait droit à cette demande en se fondant sur l'article 1135 du Code civil. Cet article prévoit que « les conventions obligent non seulement à ce qui y est exprimé, mais encore à toutes les suites que l'équité, l'usage ou la loi donnent à l'obligation d'après sa nature ». Il permet d'aller au-delà de ce qui est prévu par le contrat. Les juges ont alors statué en équité, considérant qu'il était inéquitable que ceux qui avaient travaillé ces jours-là aient gagné le même salaire que ceux qui n'avaient pas travaillé, même si leur contrat ne prévoyait pas d'indemnisation. L'employeur s'est pourvu en cassation (à noter qu'il n'y a pas eu d'appel). Il contestait le jugement du conseil des prud'hommes au motif que la loi ne prévoit pas de majoration de salaire. Le salarié qui travaille un jour férié n'a droit, sauf disposition contractuelle ou conventionnelle contraire, qu'à son salaire.

Cette règle n'est-elle pas injuste ? On peut considérer, à la suite du conseil des prud'hommes qu'il n'est pas équitable de ne pas récompenser ceux qui travaillent un jour férié. L'équité permettrait de corriger la sévérité de la loi.

B - Les réponses possibles de l'équité

Selon le doyen Carbonnier, il existe deux sortes d'équité. L'équité dite objective, également qualifiée d'équité générale ou normative est un système de règles de droit que les juges créent pour assouplir ou adapter aux transformations de la société ou aux changements de la sensibilité morale un droit objectif trop rigide. L'équité dite subjective, ou équité particulière ou judiciaire se manifeste à travers les jugements d'équité.

Ainsi, statuer en équité, consisterait pour un magistrat à trancher dans le sens qui, selon lui, est le plus conforme au sentiment de justice ou qui assure l'égalité de tous devant la loi. Lorsque la règle générale et abstraite se révèle injuste dans des circonstances particulières, l'équité permet d'écarter une règle de droit ou d'en modérer l'application par la considération des circonstances individuelles du cas.

C'est le choix qu'a fait en l'espèce le conseil de prud'hommes. Ce dernier a fait droit à la demande des revendiquants au motif que si aucun texte ne leur accordait un supplément de salaire, il revient au juge d'examiner les demandes en équité. A l'appui de l'article 1135 du Code civil, il a raisonné en se fondant sur l'équité. Les conseillers ont estimé qu'il serait inéquitable pour ceux qui ont travaillé un jour férié d'obtenir un salaire identique à celui de ceux qui n'ont pas travaillé ce jour-là.

2 • UN JUGEMENT EN DROIT

Le juge peut-il refuser d'appliquer une loi qui, juste dans ses buts, lui semble injuste dans ses effets ? La réponse de la Cour de cassation est sans appel : les juges tenus de rendre en jugement en droit, ont l'interdiction de statuer en équité (A). Cela ne signifie pourtant pas que l'équité soit exclue totalement du jugement (B).

A - L'interdiction de statuer en équité

La Cour de cassation s'appuyant sur les articles 1134 et 1135 du Code civil, interprétés à la lumière de l'article 12 du (nouveau) Code de procédure civile, a cassé la décision du conseil de prud'hommes.

L'attendu de principe de la Cour de cassation rappelle fermement que « l'équité n'est pas une source de droit ». Sous l'Ancien régime, les Parlements pouvaient créer des règles de droit grâce à des arrêts de règlement qui leur permettaient d'écarter les coutumes injustes et de statuer en équité. Ce pouvoir conduisit à des abus auxquels les révolutionnaires voulurent mettre fin : « Dieu nous garde de l'équité des Parlements » ! Le pouvoir du juge de statuer en équité a été supprimé avec la séparation des pouvoirs : le législateur crée les lois, le juge tranche les procès. Le juge ne peut plus censurer le législateur en refusant d'appliquer une règle qui lui semblerait injuste. La décision fondée en droit ne peut être censurée pour des motifs d'équité. Inversement, la décision non fondée en droit doit être cassée. Les juges ont l'obligation de fonder juridiquement, c'est-à-dire sur un texte légal, leur décision. Dès lors, en statuant sur le fondement de l'équité, le conseil de prud'hommes a violé les articles au visa. Les juges doivent appliquer la règle de droit pertinente, ils ne peuvent fonder directement leurs décisions sur l'équité, laquelle n'est pas une source du droit.

B - La place de l'équité dans le jugement

La solution de la Cour de cassation n'est pas nouvelle. Elle casse systématiquement les jugements reposant sur un renvoi à l'équité (par exemple, « l'équité et le bon sens » ne peuvent constituer le fondement d'une décision judiciaire, Cass. crim., 24 juillet 1967).

Certes, l'équité n'est pas une source de droit au sens où elle ne modifie pas l'ordonnancement juridique en donnant naissance à des règles générales et impersonnelles. En ce sens, la position de la haute cour est justifiée.

Si l'équité n'est pas une source formelle, si le juge ne peut pas rendre une décision en se fondant exclusivement sur l'équité, cela ne signifie pas que l'équité n'a pas sa place dans le jugement. Le juge peut corriger la rigueur de la loi en faisant appel à l'équité. Il utilise alors un « syllogisme régressif », c'est-à-dire qu'il part de la solution concrète qui lui paraît juste qu'il souhaite donner au litige pour désigner la règle qui lui permet d'atteindre cette solution. Sa décision est motivée en droit et légitimé en équité.

Cette faculté est d'ailleurs expressément autorisée par plusieurs dispositions légales, dont l'article 1135 du Code civil. D'autres textes reconnaissent expressément au juge un pouvoir d'écarter l'application de certaines règles lorsqu'elles aboutissent à un résultat manifestement contraire à l'équité (par exemple l'article 1579 du Code civil). Le Code de procédure civile accepte même que le juge statue en équité lorsque les plaideurs l'y autorisent par un accord exprès et pour les droits dont ils ont la libre disposition (art. 12, CPC). Le juge, amiable compositeur, statue alors selon sa conscience et sa décision ne peut être cassée pour violation du droit.

L'équité n'est peut-être pas une source autonome du droit, le juge devant toujours l'habiller de droit, mais elle peut se transformer en règle de droit.

Les sources du droit

Sujet 4 : Dissertation

La hiérarchie des normes

La hiérarchie des normes est un sujet à la fois classique et actuel. Il est classique car il figure en bonne place dans tous les cours d'introduction général au droit, il participe de la réflexion philosophique du droit avec les théories de Kelsen. La hiérarchie des normes telle que prévue par la Constitution de 1958 est en rupture avec l'histoire du droit français qui plaçait en haut de la hiérarchie la loi : désormais la norme supérieure de l'ordre juridique interne français est la constitution.

Ce sujet est actuel car la hiérarchie des normes, aujourd'hui, ne peut plus se limiter à l'ordonnance des règles de droit en France, du fait de l'appartenance du pays à l'Union européenne (UE). En effet, l'UE qui constitue un ordre juridique spécifique et toujours plus achevé pose la question de la persistance de la hiérarchie des normes.

Évoquer la hiérarchie des normes suppose de traiter des dispositions assurant le respect de la norme supérieure par la norme inférieure. Sur ce plan, il convient aujourd'hui de distinguer entre le contrôle de constitutionnalité des lois (contrôle du respect de la constitution) et le contrôle de conventionalité des lois (contrôle du respect des dispositions du droit de l'UE et de la Convention européenne des droits de l'homme). Les modalités du contrôle de constitutionnalité des lois ont été profondément modifiées par l'introduction et le succès des questions prioritaires de constitutionnalité introduites par la loi constitutionnelle n° 2008-724 du 23 juillet 2008 entrée en vigueur 1er mars 2010 consacrant l'article 61-1 de la Constitution.

Pour toutes ces raisons, la hiérarchie des normes est un thème classique de sujet d'étude en première année même si la formulation de la question change d'une année à l'autre.

Le sujet de dissertation proposé est très large. Il faut donc prendre soin d'aborder tous les aspects du sujet, à savoir le contenu de la hiérarchie des normes et les modalités de son contrôle. Pour être certain de ne rien oublier, il est conseillé de choisir un plan classique décrivant le contenu de la hiérarchie des normes puis montrant comment cette hiérarchie est respectée par les modalités de son contrôle. Une fois ce plan choisi, il faut soigner les titres pour donner un peu de relief à la dissertation. Dans l'introduction, il convient de bien poser le sujet et de montrer son actualité.

La hiérarchie des normes est une des questions fondatrices des systèmes juridiques. Elle est aux confins du droit et de la philosophie du droit. C'est le fondateur de l'École de Vienne, le philosophe Kelsen qui a proposé une hiérarchie des normes répondant à une lacune laissée par l'École de l'exégèse qui n'étudiait que règles de droit, s'interdisant toute vision d'ensemble des normes et et était, de fait, incapable de comprendre leur agencement les unes par rapport aux autres. Kelsen (1881-1973) franchit une étape supplémentaire avec son système normativiste. Il estime qu'aucune théorie de la justice ne peut faire partie d'une théorie du pur droit. La science du droit est une hiérarchie de relations normatives. Les normes juridiques relèvent du monde du devoir être, mais pour contraindre par l'intermédiaire d'une sanction, il faut vérifier la coexistence de deux normes : la norme fondamentale et les normes inférieures et la théorie du droit doit clarifier les relations entre elles. La validité de la norme dépend de la norme qui lui est supérieure : elle ne dépend donc pas de son contenu mais de sa place dans la hiérarchie des normes. Mais si la validité de la norme supérieure se transmet à la norme inférieure, etc., la théorie du droit ne se préoccupe pas de savoir si la norme fondamentale est bonne ou mauvaise. La norme fondamentale de Kelsen se contente d'affirmer le principe de la hiérarchie des normes : « on doit se conduire conformément à la constitution effectivement posée et efficace ».

Les critiques adressées à Kelsen s'imposent comme des évidences. D'une part, il ne répond pas à la question essentielle : d'où la constitution qui est en haut de la pyramide des normes tire-t-elle sa validité ? À défaut de réponse, Kelsen se contente d'expliquer que cette norme n'est pas posée, mais présupposée, toute sa construction est privée de base solide. D'autre part, il assure neutralité dangereuse à la norme juridique car elle conduit à accepter les normes injustes, les régimes totalitaires, les lois contraires aux droits fondamentaux.

Ces réserves restent purement philosophiques, elles ne se retrouvent pas en droit positif. Historiquement, la loi était considérée comme la norme suprême figurant en haut de la pyramide des normes. La question de la conformité de la loi aux normes qui lui sont supérieures surprendrait les philosophes du siècle des lumières et en particulier J.-J. Rousseau. Pour ces derniers, la loi expression de l'intérêt général devait être la norme supérieure pour que soit garantie la démocratie. Jusqu'au renversement de ces principes par la Constitution de 1958, la loi avait un domaine illimité et sa supériorité sur le règlement était certaine. La primauté de la loi était respectée. Depuis 1958, la Constitution est placée en haut de la hiérarchie des normes dans l'ordre interne en raison des modalités de son adoption qui lui confère toute sa légitimité. De même la supériorité des traités sur les lois ne pose pas de difficulté en raison des dispositions de l'article 55 de la Constitution. Ce dernier assure la cohérence de la hiérarchie des normes françaises, les lois sont soumises à la constitution et aux traités signés et ratifiés par la France.

Cette cohérence est moins évidente lorsque l'on envisage les relations entre la constitution française avec les traités de l'Union européenne car cette dernière forme un ordre juridique orignal doté de sa propre hiérarchie des normes et de procédures visant à la faire respecter. Il est généralement affirmé que la Constitution est supérieure aux traités internationaux. Plus précisément, il ne peut pas y avoir une opposition entre le traité et la Constitution. En effet, l'article 54 de la Constitution prévoit que si un traité « comporte une clause contraire à la Constitution, l'autorisation de le ratifier ou de l'approuver ne pourra intervenir qu'après révision de la Constitution ». Dans ce cas, à défaut de modifier la Constitution – ce qui est fait régulièrement pour pouvoir signer et ratifier les traités de l'UE, par exemple en 1992 pour le traité de Maastricht, mais aussi pour le traité d'Amsterdam et plus récemment le traité de Lisbonne, il faut renoncer à adopter le traité. Concernant le traité de Lisbonne destiné à pallier l'échec de la Constitution européenne, le Conseil constitutionnel saisi par le président de la République a statué le 20 décembre 2007 (Cons. const. déc. n° 2007-560 DC, 20 déc. 2007) considérant que le traité de Lisbonne était partiellement incompatible avec la Constitution. La révision de la Constitution est donc un préalable à la ratification du traité modificatif par la France. Classiquement, on en conclut la supériorité de la constitution sur les traitées, l'assemblée plénière de la Cour de cassation le 2 juin 2000 le rappelle en des termes clairs : « la Constitution possède, sans ambiguïté possible, une valeur juridique supérieure à celle qui est conférée aux traités internationaux » (Ass. plén., 2 juin 2000, arrêt Fraisse, Bull. Ass. plén., n° 4). L'affaire mettait en cause le droit d'un électeur à être inscrit sur les listes électorales en Nouvelle Calédonie conformément aux dispositions de la loi organique du 19 mars 1999. Cette loi, affirme la Cour de cassation, a une valeur constitutionnelle et la Cour de cassation refuse de confronter ce texte aux dispositions du Pacte international relatif aux droits civiques et politiques et de la Convention européenne des droits de l'Homme aux motifs que la suprématie conférée aux engagements internationaux ne s'applique pas dans l'ordre interne aux dispositions à valeur constitutionnelle. Les traités s'ils sont bien supérieurs à la loi ne sont pas supérieurs aux textes de valeur constitutionnelle.

Il est donc acquis que la loi est inférieure à la Constitution et aux traités ratifiés, que la constitution est supérieure aux traités. Mais, compte tenu de la spécificité de l'ordre juridique de l'UE, l'affirmation de la supériorité de la constitution si elle reste défendue convainc un peu moins. Quelle est la relation hiérarchique entre les traités de l'UE et la Constitution elle-même ; c'est-à-dire entre les normes auxquelles la loi doit se conformer ?

La question intéresse le sujet : un conflit entre les normes supérieures à la loi est-il envisageable ? La réponse à cette question est négative. En pratique il ne peut y avoir contradiction entre un traité et la Constitution car de deux choses l'une : ou le traité contraire à la Constitution n'est pas adopté ou la Constitution est modifiée pour permettre l'adoption du traité. Ce rappel relativise l'enjeu du débat. Cette procédure prévient normalement tout conflit entre traité et Constitution rendant inutile la question de la hiérarchie entre ces textes pour résoudre une quelconque contradiction entre eux.

Ainsi la hiérarchie des normes reste une question essentielle pour comprendre la richesse des sources du droit. Classique et moderne à la fois, elle suscite sans fin la réflexion et le débat, on constate que la hiérarchie des normes sort bouleversée des transformations imposées par la Constitution de 1958 (I), mais que surtout, son respect est toujours mieux garanti par des procédures de contrôle toujours plus nombreuses, elle est donc une hiérarchie contrôlée (II).

1 • UNE HIÉRARCHIE DES NORMES BOULEVERSÉE

La hiérarchie des normes n'est plus ce qu'elle était. Historiquement, la révolution française avait fait de la loi la norme suprême en droit français. En fait, l'évolution du droit impose de constater qu'au sommet de la hiérarchie des normes en France la loi a été supplantée par la Constitution. Mais le bouleversement ne s'arrête pas là : l'adhésion de la France à l'UE et à la Convention européenne des droits de l'homme donne une dimension internationale à la hiérarchie des normes en plaçant les traités signés et ratifiés par la France au-dessus de la loi. Désormais, la loi est doublement soumise à la Constitution (A) et aux traités (B).

A - La loi soumise à la Constitution dans l'ordre interne

Si longtemps la loi s'est trouvée en haut de la hiérarchie des normes elle est désormais soumise à la Constitution, mais elle reste supérieure aux autres normes françaises.

La Constitution de 1958 est venue bousculer un ordre établi en faveur de la loi qualifiée de norme supérieure pour exprimer l'intérêt général. Le bloc de constitutionnalité est supérieur à toutes les normes de l'ordre juridique français. Or il est riche de nombreux textes. Il comprend la Constitution du 4 octobre 1958, le Préambule de la Constitution du 27 octobre 1946, la Déclaration des droits de l'Homme du 26 août 1789, la Charte de l'environnement de 2004, les Principes fondamentaux reconnus par les lois de la République (dans la mesure où ils concernent les droits de l'homme), la Loi constitutionnelle et loi de révision constitutionnelle. L'ensemble de ces textes a pour point commun d'assurer l'organisation de l'État française et de dépendre d'un mode d'élaboration particulier.

Au-delà du bloc de constitutionnalité, la Constitution de 1958 limite le domaine de la loi par son article 34 en réduisant son intervention à l'état et la capacité des personnes, ce qui inclut les régimes matrimoniaux et la famille et donne une compétence partielle à la loi en ce qui concerne les principes fondamentaux. Ces derniers, pour le droit civil, visent le régime de la propriété, des droits réels, des obligations civiles et commerciales (essentiellement contrat et responsabilité). Pour ces matières, la loi est compétente pour poser les principes tandis que le gouvernement est chargé de leur mise en œuvre. La loi ne peut plus empiéter sur le domaine du règlement. Elle n'est plus la norme « reine », la compétence législative n'est plus qu'une compétence d'attribution.

Le règlement autonome de l'article 37 de la Constitution de 1958 fait concurrence à la loi dans la hiérarchie des normes. Les règlements sont des actes du pouvoir exécutif (ou réglementaire) pris dans le cadre de l'article 37, c'est-à-dire dans des matières qui échappent à la loi. Ils sont adoptés par le Gouvernement ou les autorités administratives pour réglementer des matières de façon nouvelle, indépendamment de toute loi. En principe, grâce à la liste de l'article 34 qui donne une compétence à la loi dans certaines matières, ils n'interviennent pas dans les mêmes domaines, rendant même inutile la question de leur articulation. Si la loi se cantonne à son domaine d'intervention et que le règlement n'empiète pas sur celui-ci, aucune question de conformité ou de respect ne peut se poser. Pourtant les risques sont grands d'empiéter sur le domaine voisin. Le gouvernement a la possibilité de rétablir la frontière entre les domaines législatif et réglementaire en faveur de ce dernier, en demandant au Conseil constitutionnel de déclarer la nature réglementaire d'une disposition légale parce qu'elle ne relève pas de l'article 34. Cette procédure de déclassement aboutit à la « délégalisation » de la disposition.

Le principe de supériorité de la loi sur les règlements a subi les conséquences de l'évolution du pouvoir réglementaire. On distingue toujours les règlements d'application, qui doivent être conformes à la loi, et les règlements autonomes (sous-entendus par rapport à la loi) mais l'ancienne hiérarchie des normes, dans laquelle les règlements devaient toujours être conformes à la loi, est bouleversée : la loi et le règlement autonome se retrouvent au même niveau dans des domaines différents. L'autonomie de ces règlements se concrétise par l'absence de toute exigence de conformité à la loi. Seuls les décrets d'application restent subordonnés à la loi. Ainsi, loi et règlement autonome sont sur un pied d'égalité dans la hiérarchie des normes. Tous deux sont soumis à la Constitution, mais aucun n'est soumis à l'autre.

Les ordonnances de l'article 38 remplacent les décrets-lois de la IIIe République (ces décrets étaient pris par le pouvoir exécutif sur habilitation législative). Les ordonnances sont édictées par le gouvernement dans des domaines normalement réservés au Parlement (art. 34) pour l'exécution de son programme. Le gouvernement doit pour cela obtenir de la part du Parlement une autorisation, sous la forme d'une loi d'habilitation votée dans les conditions du droit commun (et soumise au contrôle du Conseil constitutionnel). Cette autorisation ne vaut que pour un délai limité et relativement à un domaine défini. Les ordonnances sont d'abord soumises au Conseil d'État et adoptées en conseil des ministres. Elles doivent ensuite être signées par le président de la République pour entrer en vigueur et être ratifiées par le Parlement. Avant cette ratification par le Parlement, elles n'ont qu'une valeur réglementaire : ce n'est qu'ensuite qu'elles acquièrent une valeur législative. Par exemple la dernière réforme du droit des entreprises en difficulté, en date de l'ordonnance du 12 mars 2014, attend sa loi d'habilitation mais elle dispose déjà d'un décret d'application qui, lui, fait partie du bloc réglementaire soumis à la loi, au règlement autonome, à l'ordonnance dont il assure l'application.

Ce faisant, la Constitution de 1958 a compliqué la hiérarchie des normes traditionnelle qui s'exprimait par Constitution, loi et règlement. Les règles de valeur constitutionnelle, législative, réglementaire doivent pourtant être définies et elles doivent respecter l'ordre de leur hiérarchie mais leur qualification est plus délicate sous l'empire de la Constitution de 1958.

Pour simplifier l'ordre interne est ainsi constitué : bloc de constitutionnalité, bloc de légalité, bloc réglementaire. Outre la Constitution, la loi est soumise aux traités signés et ratifiés par la France.

B - La loi soumise aux conventions internationales

La suprématie des traités sur la loi est posée par l'article 55 de la Constitution qui soumet cette suprématie à la condition de réciprocité d'application des traités. Réciprocité dont il est difficile d'admettre que les magistrats puissent en être les seuls juges et qui est écarté par certains traités, dont les traités européens.

Pour que la supériorité joue, il faut que les traités soient entrés en vigueur. Et à cette condition, ces traités sont directement applicables dans l'ordre interne, puisque la France reconnaît un système moniste. Les conséquences sur la loi de la supériorité des traités sur la loi varient en fonction de la chronologie de la loi par rapport au traité et dépend de l'appréciation des juges.

Il convient de rappeler les conditions de l'entrée en vigueur d'un traité en France. Ce dernier doit d'abord être ratifié ou approuvé, s'il s'agit d'un accord en forme simplifiée, puis publié. La négociation relève en principe de la compétence du Président de la République ; il ratifie également les traités. Les accords en forme simplifiés sont approuvés par le ministre des affaires étrangères, le président de la République est alors seulement tenu informé. Si le traité concerne des questions importantes ou une loi, le Président ne peut le ratifier qu'après en avoir reçu l'autorisation du Parlement par une loi votée. La ratification d'un traité comprenant des dispositions contraires à la Constitution exige le vote d'une révision constitutionnelle préalable.

La publication du traité l'intègre directement dans la hiérarchie des normes de l'ordre interne, car la France a choisi la conception moniste, selon lequel les traités n'ont pas besoin d'être repris par une loi, et s'inscrivent immédiatement dans l'ordre juridique interne. En dehors des textes européens, l'article 55 de la Constitution soumet la mise en œuvre des traités à la vérification de la condition de réciprocité. La question de savoir si le juge administratif ou civil a la compétence de vérifier cette condition reste ouverte.

Ces dispositions sont altérées en présence du droit de l'UE car ce dernier institue un ordre juridique qui s'intègre ou se superpose selon les auteurs à celui des États membres. La reconnaissance de la primauté du droit de l'UE est une condition existentielle pour ce dernier. De cette primauté, il résulte que le droit de l'UE est supérieur aux règlements et aux lois laissant ouverte la difficile question du contrôle constitutionnel des lois transposant les directives européennes. Cette primauté est renforcée par l'effet direct des dispositions du droit de l'UE.

La primauté du droit européen impose au juge français d'appliquer en parallèle le droit européen et le droit national, pour la Cour de justice de l'Union européenne (CJUE), le droit de l'UE doit même l'emporter sur les normes constitutionnelles des États membres. Dans son arrêt Simmenthal (CJCE, 8 mars 1978) elle affirme que les autorités nationales doivent laisser inappliquée la norme nationale incompatible avec le droit de l'UE. Dans l'arrêt *Factortame*, elle précise que le juge des référés est tenu de la même obligation.

Les juridictions françaises se plient toutes à la primauté du droit de l'UE. La Cour de cassation le fait depuis l'arrêt *J. Vabre* et affirme cette supériorité vis-à-vis des lois postérieures. Elle s'appuie à la fois sur l'article 55 de la Constitution et sur les spécificités du droit européen. Elle a fait sienne l'analyse de la CJUE sur l'ordre juridique communautaire. Par quatre arrêts du 15 mai 1985, la chambre commerciale de la Cour de cassation a réaffirmé la primauté du droit communautaire à propos du prix du carburant et du prix du livre. En 1989, elle a fait prévaloir le droit de l'UE en adoptant une motivation de pur droit substitué à la motivation des juges du fond. La chambre criminelle pour sa part estime « qu'il appartient au juge pénal d'écarter l'application d'un texte incriminant la violation d'une disposition du droit interne lorsque cette dernière méconnaît les prescriptions du droit communautaire » (Crim., 5 mai 1986).

Cette reconnaissance de la primauté du droit européen a été plus laborieuse devant le Conseil d'État. En ce qui concerne les règlements administratifs internes, il a reconnu la supériorité des normes communautaires assez vite. En ce qui concerne les lois, il a fallu attendre l'arrêt *Nicolo* du 20 octobre 1989 pour que sur le fondement de l'article 55 de la Constitution, le Conseil d'État accepte de faire prévaloir le traité de Rome sur une loi nationale postérieure. Ensuite, il a accepté de sanctionner des règlements pris en application d'une loi postérieure et contraire aux dispositions du droit de l'UE. Il a étendu cette jurisprudence aux règlements européens (CE, 14 septembre 1994, Boisdet), aux directives (arrêt *société Rothmans et société Philip Morris,* 28 fév 1992). Une loi interne peut donc être écartée pour non-conformité à la réglementation de l'UE. Cette jurisprudence est désormais acquise.

L'application directe du droit européen est le pendant de la primauté en ce sens qu'il en garantit l'effectivité. Ce principe signifie que de simples particuliers peuvent se prévaloir du droit européen devant les juridictions nationales des États membres. La CJUE a posé ce principe dans l'arrêt *Van Gend en Loos* du 5 février 1963. Des conditions sont fixées pour l'applicabilité directe, les normes européennes doivent être suffisamment claires, précises et inconditionnelles. Ce principe s'applique aux traités mais également aux textes dérivés, particulièrement aux règlements, parfois aux directives quand elles vérifient les conditions précitées. Les règlements comme certains textes du traité bénéficient de l'applicabilité directe verticale (de particuliers à l'égard de l'État membre) et de l'applicabilité directe horizontale (entre particuliers). En outre, il faut rappeler que le juge de droit commun du droit européen est le juge national. On constate alors combien l'ordre juridique de l'UE s'intègre dans l'ordre juridique national. Le Conseil d'État dans un arrêt *Cohn-Bendit* (CE, 22 décembre 1978, Rec. CE 524) avait refusé de reconnaître l'applicabilité directe du droit de l'UE, il est revenu sur cette position dans l'arrêt *Rothmans* (préc.).

Cependant, reconnaître et affirmer l'existence d'une hiérarchie des normes n'a de valeur que si un contrôle du respect de cet ordonnancement juridique est assuré, la hiérarchie des normes doit donc être contrôlée.

2 • UNE HIÉRARCHIE DES NORMES CONTRÔLÉE

Ce contrôle est à l'image du nouvel ordonnancement. Il est double : un contrôle de constitutionnalité et de légalité dans l'ordre interne d'une part (A) et un contrôle de conventionalité à l'égard des traités, d'autre part (B).

A - Un contrôle de constitutionnalité et de légalité

Si le contrôle de légalité assurant la conformité du bloc réglementaire ou bloc de légalité n'a pas connu de modifications importantes, le contrôle de constitutionnalité a été renforcé au fil du temps.

Le contrôle de légalité est l'apanage du juge judiciaire comme administratif, mais dans des conditions différentes. Le recours pour excès de pouvoir est porté devant les juridictions administratives, c'est-à-dire les tribunaux administratifs, pour les arrêtés, et le

Conseil d'État, pour les décrets. S'il peut être exercé par toute personne ayant un intérêt à agir, en pratique, ce sont souvent les organisations professionnelles ou syndicales qui prennent l'initiative de demander l'annulation du règlement pour la défense des intérêts de leurs membres. Il doit être diligenté dans un délai de deux mois à compter de la publication de l'acte contesté. Son effet est de provoquer l'annulation d'un acte administratif, même individuel. Si celui-ci est considéré comme illégal, il ne peut continuer d'exister dans l'ordre juridique. En revanche, en l'absence de recours pour excès de pouvoir, l'acte administratif produit ses effets, même s'il est contraire au droit. Il n'est plus possible alors de le contester par voie d'action, mais seulement par voie d'exception, c'est-à-dire en ayant recours à l'exception d'illégalité qui n'est pas un recours à proprement parler.

L'exception d'illégalité est un argument invoqué dans le cadre d'un procès par une des parties pour que le texte ne lui soit pas applicable au cours de cette instance, au motif qu'il n'est pas conforme à la loi ou à la Constitution. Il n'est plus question de requérir l'annulation du règlement mais d'éluder son application à un cas particulier. L'avantage de ce mécanisme est de pouvoir être actionné sans condition de délai, par toute personne intéressée et devant toutes les juridictions (sans réserve devant les juridictions administratives, exceptionnellement devant les juridictions judiciaires). En revanche, dans la mesure où la décision de retenir ou non l'exception revient aux juges du fond, le risque est d'aboutir à des divergences d'application d'un même texte par les tribunaux. Les juges, n'étant liés ni par leurs décisions antérieures, ni par celles de leurs confrères, sont libres d'admettre la légalité ou non de l'acte à chaque fois qu'ils sont saisis de la question.

Le contrôle de constitutionnalité est confié au seul Conseil constitutionnel. Ses conditions d'ouverture ont profondément changé, rompant avec les dispositions d'origine de la Constitution de 1958. À l'époque et jusqu'à l'introduction de la question prioritaire de constitutionnalité, le contrôle ne se faisait qu'*a priori* ; il peut désormais se faire *a posteriori*.

Le contrôle *a priori* est introduit en 1958 avant d'être assoupli par une réforme constitutionnelle d'importance. En 1958, la conformité de la loi à la Constitution était affirmée clairement mais elle ne connaissait pas une sanction très dissuasive car le contrôle de la constitutionnalité des lois était relativement fermé. Tout d'abord les titulaires de l'action étaient strictement énumérés par l'article 61 al. 2, il s'agissait du président de la République, du Premier ministre, des présidents de l'Assemblée Nationale et du Sénat. Ensuite, les conditions de mise en œuvre du contrôle étaient restrictivement définies : les lois étaient déférées au Conseil constitutionnel après avoir été votées et surtout avant leur promulgation. Cette dernière devait intervenir dans les quinze jours suivant la transmission de la loi définitive au Gouvernement (art. 10 de la Constitution). Le Conseil disposait d'un mois (de huit jours si le gouvernement invoquait l'urgence) pour rendre sa décision. En cas d'inconstitutionnalité de la loi, elle ne pouvait ni être promulguée, ni être mise en application. La décision ne concernait que la loi examinée. L'autorité de chose jugée ne pouvait être invoquée pour une autre loi conçue en d'autres termes.

La limite du mécanisme s'imposa : une loi promulguée ne pouvait plus être déférée au Conseil constitutionnel même si elle enfreignait des normes de valeur constitutionnelle après sa promulgation et son entrée en vigueur. L'enjeu d'une plus grande ouverture de la saisine du Conseil constitutionnel s'est alors imposé comme évident.

Ainsi, par la loi constitutionnelle du 29 octobre 1974, la saisine du Conseil constitutionnel a été ouverte aux députés et sénateurs : ils doivent pour cela être soixante, de sorte que la saisine est désormais ouverte à l'opposition.

Par un arrêt du 25 janvier 1985, le Conseil a précisé que la régularité d'une loi au regard de la Constitution pouvait être contestée à l'occasion du vote, et avant sa promulgation, d'une loi qui modifie, complète la loi précédemment votée sans contrôle de constitutionnalité. De fait, le Conseil constitutionnel accepte de contrôler par voie d'exception la constitutionnalité d'une loi déjà promulguée. Cette exception d'inconstitutionnalité a paru être refusée au contentieux électoral par une décision du 21 octobre 1988.

Ces différentes évolutions favorisent le contrôle de constitutionnalité, réduisant le nombre des lois promulguées non contrôlées et peut-être non conformes à la Constitution. Ce développement du contrôle de constitutionnalité ne s'arrête pas là : l'introduction de la question prioritaire de constitutionnalité est une véritable révolution qui garantit un contrôle a posteriori de la constitutionnalité des lois.

La loi constitutionnelle du 23 juillet 2008 a introduit le nouvel article 61-1 de la Constitution. Il prévoit que si, à l'occasion d'une instance en cours, la disposition législative applicable viole les droits et libertés fondamentaux garantis par la Constitution, le Conseil d'État ou la Cour de cassation peuvent saisir le Conseil constitutionnel d'une question sur la constitutionnalité de la loi en cause. Le Conseil constitutionnel doit répondre dans un délai qui, comme les modalités d'application du nouvel article 61-1 de la Constitution devront être définis par une loi organique. La question prioritaire de constitutionnalité (QPC) est entrée en vigueur le 1er mars 2010, dépend d'une procédure bien connue désormais pour avoir été souvent utilisée car le succès de la QPC est indéniable

La procédure applicable à la question prioritaire de constitutionnalité repose sur un double filtre devant les juridictions judiciaires et/ou administratives. Cette première étape franchie et si toutes les conditions de sa saisine sont vérifiées, le Conseil constitutionnel se voit transmettre par la Cour de cassation ou par la Conseil d'État la question prioritaire de constitutionnalité. Il faut rappeler les étapes de la QPC.

Étape 1 : la question prioritaire de constitutionnalité est soulevée en cours d'instance devant le juge de l'ordre judiciaire ou administratif. Dans le cadre de l'ordre judiciaire, les juges du fond décident au non de transmettre la question à la Cour de cassation en vérifiant déjà par eux-mêmes si les conditions de transmission de la question prioritaire de constitutionnalité sont vérifiées. S'ils transmettent à la Cour de cassation, cette dernière opère un nouveau contrôle des conditions de transmission de la question.

Les conditions à vérifier pour que la question puisse être transmise au Conseil constitutionnel sont au nombre de trois :

- la disposition contestée est applicable au litige ou à la procédure ou encore constitue le fondement des poursuites ;

- la disposition ne doit pas avoir déjà supporté un contrôle de constitutionnalité ou si tel était le cas, si elle avait été considérée comme conforme à la Constitution, il faut établir que les circonstances ont changé (tel a été le cas en ce qui concerne la question prioritaire de constitutionnalité sur la garde à vue) ;

- la question ne doit pas être dépourvue de caractère sérieux.

La question doit être posée dans un écrit distinct et motivé. La juridiction qui est saisie doit vérifier ces conditions et prendre la décision de transmettre au Conseil d'État ou à la Cour de cassation. Cette décision est transmise aux cours intéressées dans les huit jours de son prononcé. Le refus de transmission ne peut être contesté qu'à l'occasion d'un recours contre la décision au fond. Si la transmission est décidée, le juge sursoit à statuer, sauf exception, jusqu'à la décision de non-transmission de la Cour de cassation ou de Conseil d'État ou jusqu'à la décision du Conseil constitutionnel.

Une fois saisis le Conseil d'État ou la Cour de cassation doivent se prononcer sur la question prioritaire de constitutionnalité dans un délai de trois mois. Les conditions de transmission de la question prioritaire de constitutionnalité se vérifient à nouveau. Si elles font défaut, il n'y a pas transmission au Conseil constitutionnel. Si elles sont vérifiées, le Conseil d'État ou la Cour de cassation transmettent au Conseil constitutionnel la question prioritaire de constitutionnalité. Ainsi le Conseil constitutionnel ne peut être saisi que sur renvoi des plus hautes juridictions de l'ordre judiciaire ou administratif. Les exigences du procès équitable doivent être respectées devant le Conseil d'État comme devant la Cour de cassation, la procédure est écrite et le débat est donc contradictoire. Les points de discussion correspondent aux conditions de transmission de la question prioritaire de constitutionnalité.

Devant le Conseil constitutionnel, la procédure est contradictoire, les parties présentent leurs observations et les autorités qui peuvent saisir le Conseil constitutionnel dans le contrôle a priori d'origine (président de la République, Premier ministre, président de l'Assemblée nationale, président du Sénat, président du gouvernement de Nouvelle Calédonie) peuvent également déposer leurs observations. L'audience est, en principe, publique. La décision est rendue par sept conseillers au moins (Ord. n° 58-1067, art. 14). L'article 62 al. 3 de la Constitution précise qu'elle n'est susceptible d'aucun recours et elle s'impose aux pouvoirs publics, à toutes les autorités administratives et juridictionnelles.

Les effets de la décision du Conseil constitutionnel sont remarquables. Si le Conseil constitutionnel conclut à la constitutionnalité de la disposition législative qui lui est soumise, la procédure interrompue devant les juges reprend son cours.

Si la disposition législative en cause est déclarée inconstitutionnelle par le Conseil constitutionnel, elle est abrogée à compter de la publication de la décision du Conseil constitutionnel. Ce dernier, dans sa décision, peut préciser les conditions et les limites dans lesquelles les effets que la disposition a produits sont susceptibles d'être remis en cause (art. 62 de la Constitution). Notamment, le Conseil peut prévoir l'application dans le temps de sa décision. Il tient compte de l'effet dévastateur de l'abrogation rétroactive de la disposition législative mise en cause et il laisse le temps au législateur de voter une autre loi. L'affaire de la garde à vue en est l'illustration. Le Conseil constitutionnel dans sa décision du 30 juillet 2010 a considéré que certaines dispositions du droit commun de la garde à vue n'étaient pas conformes aux articles 9 et 16 de la Déclaration de 1789 pour ne pas apporter des garanties suffisantes aux gardés à vue, et pour ne pas respecter l'équilibre indispensable entre la prévention des atteintes à l'ordre public, la recherche des auteurs d'infractions et l'exercice des libertés constitutionnellement garanties. Conscient du risque de remettre en cause toutes les gardes à vue en cours, le Conseil constitutionnel précise que l'abrogation des dispositions législatives en cause prend effet le 1er juillet 2011. Entre-temps la nouvelle loi n° 2011-392 relative à la garde à vue a été votée le 14 avril 2011. Toutes les difficultés de droit transitoire ne sont pas évitées pour autant car la Cour de cassation en Assemblée plénière le 15 avril 2011 a imposé l'assistance effective sans délai de l'avocat lors de la garde à vue.

L'effectivité du contrôle de constitutionnalité sort grandi de cette réforme. L'introduction d'une question prioritaire de constitutionnalité soulève des difficultés particulières lorsque la disposition législative en cause est non seulement contraire à la Constitution française, mais également aux dispositions du droit de l'Union européenne. Le concours entre la question prioritaire de constitutionnalité et la question préjudicielle posée par une juridiction nationale à la Cour de Justice de l'Union Européenne (CJUE) en cas de doute sur la conformité d'une norme au droit de l'UE devait être réglée. C'est déjà aborder le contrôle de conventionalité.

B - Un contrôle de conventionalité

La mise en œuvre de la conformité de la loi aux traités ne dépend pas d'une procédure particulière en dehors du droit de l'UE, mais elle découle du système moniste adopté par la France et qui veut que les traités s'appliquent immédiatement dans l'ordre interne sans nécessiter de transposition. Ainsi sans qu'il soit besoin d'assurer aucune transposition toutes lois antérieures ou postérieures au traité doivent lui être conforme sauf après sa dénonciation régulière. La sanction de cette conformité est efficace. Selon ce qui est appelée la doctrine Matter, la loi nouvelle doit être interprétée comme réservant l'application des traités antérieurs. La loi nationale s'applique lorsqu'elle est conforme au traité et elle doit être interprétée de façon à ce qu'elle soit conforme aux dispositions conventionnelles.

En cas d'incompatibilité irréductible entre la loi et le traité, la question devient plus délicate. Il convient alors de distinguer. Si la loi est antérieure au traité, il n'y a pas de conflit à proprement parler ; la loi est réputée abrogée par le traité en ce qui concerne ses dispositions entrant dans le champ d'application du traité et incompatibles avec la convention internationale. La Cour de cassation fait application de cette règle dans sa jurisprudence. Si la loi incompatible est postérieure au traité, il y a un véritable conflit et les juridictions sont souvent réticentes à écarter la loi.

Le Conseil d'État a longtemps considéré qu'il n'entrait pas dans ses compétences de vérifier la conformité de la loi à l'article 55 de la Constitution. Il estimait ne pas être le juge de la constitutionnalité des lois (CE, 1er mars 1968, Syndicat général des fabricants de semoule, Rec. CE p. 149). Par conséquent, il refusait d'écarter une loi postérieure au traité et contraire à celui-ci. Le revirement de jurisprudence est intervenu le 10 octobre 1989 avec l'arrêt *Nicolo*. Dans cet arrêt pour la première fois le Conseil d'État a accepté de contrôler la conformité d'une loi électorale au traité de Rome du 25 mars 1957. Ultérieurement, il a opéré le même contrôle pour la convention européenne des droits de l'Homme (CE, 8 juin 1990, Charbonneau ; CE, ass., 7 février 2007, Gardedieu) pour le pacte international des droits civils et politiques (21 décembre 1990, Confédération nationale des associations familiales catholiques et autres). Le Conseil constitutionnel pour sa part, dans une décision du 15 janvier 1975 précise que la supériorité des traités sur les lois, posée par l'article 55 de la Constitution n'implique pas que ce respect soit assuré dans le cadre du contrôle de conformité des lois à la Constitution dont il a la charge. Fortement critiqué, le Conseil constitutionnel a apporté une exception à ce principe : il s'est reconnu compétent en tant que juge de l'élection, c'est-à-dire lorsqu'il est saisi sur le fondement de l'article 59 de la Constitution, pour apprécier la conformité d'une loi à une convention internationale et pour en empêcher la mise en œuvre si elle n'est pas conforme.

Les juridictions judiciaires appliquent l'article 55 de la Constitution et font prévaloir le traité sur une loi postérieure qui lui serait contraire. La Cour de cassation en a affirmé le principe dans l'arrêt J. Vabre du 24 mai 1975. Cette affaire concernait la mise en œuvre du traité de Rome, la Cour de cassation affirme que par l'article 55 de la Constitution, il a une autorité supérieure à la loi, que le traité de Rome institue un ordre juridique propre, intégré à celui des États membres ; l'ordre juridique qu'il a créé est directement applicable aux ressortissants des États membres et s'impose à leur juridiction. La Cour n'annule pas la loi interne, elle l'évince en raison de la supériorité de la convention ratifiée sur la loi. La solution était posée pour le droit de l'UE, mais valait-elle pour les autres traités internationaux ? Dans un arrêt du 4 juin 1985 (Civ. 1re, 4 juin 1985, Bull. civ. I n° 178, p. 161, la même solution a été adoptée pour les architectes, 30 octobre 1985, Bull. civ. I. n° 278, p. 248), la Cour de cassation a contrôlé la conformité de la loi à la Convention européenne des droits de l'Homme et du pacte de New York du 19 décembre 1966 à propos du versement par les médecins de leurs cotisations à leur ordre.

L'affaire Jacques Vabre montre la spécificité du droit communautaire, il convient de l'expliciter. En effet, le droit de l'UE doté de sa primauté et de son effet direct suppose une véritable réflexion sur la cohabitation de l'ordre juridique français et l'ordre juridique européen. Le mode de contrôle de l'intégrité du droit européen passe par la question préjudicielle dont l'articulation avec la QPC doit être assurée. En effet, l'interpénétration de l'ordre juridique français et de l'ordre juridique européen renouvelle la question de la hiérarchie des normes car il faut trouver le moyen d'assurer la double conformité de la loi à la Constitution et au droit de l'UE.

Dans ce contexte, l'arrêt Arcelor du 8 février 2007, le Conseil d'État franchit une nouvelle étape en contrôlant la validité d'un décret de transposition d'une directive. Un décret du 10 août 2004 transposant mot pour mot une directive européenne sur le système d'échange de quotas d'émission de gaz à effet de serre était attaqué en annulation. La contestation de la légalité d'un décret reprenant au mot près une directive supposait que le Conseil d'État accepte de contrôler la constitutionnalité d'un acte administratif de transposition, puis d'apprécier la compatibilité du décret avec les principes à valeur constitutionnelle. Le Conseil d'État accepte, pour respecter l'article 88-1 de la Constitution posant l'obligation constitutionnelle de transposition des directives, de se pencher sur les relations directives/Constitution en s'inspirant des décisions du Conseil constitutionnel. Si aucune disposition du droit de l'UE ne correspond aux principes constitutionnels, le Conseil d'État se réserve la possibilité d'un contrôle de constitutionnalité. Dans l'affaire Arcelor, les principes en cause se retrouvaient dans les principes généraux du droit européen, par conséquent, le Conseil d'État s'en est remis au juge de l'UE pour juger de la validité de la directive et du décret la reprenant mot pour mot.

Depuis cette prise de position, le contexte a changé en raison de l'introduction de la QPC en France. En effet elle impose de distinguer entre le contrôle de la légalité d'un décret et celui d'une loi car désormais le Conseil constitutionnel détient le monopole du contrôle de la constitutionnalité d'une loi. Mais alors que faire lorsque la loi ne contrevient pas seulement à la Constitution mais aussi au droit européen qui lui dépend du contrôle par la question préjudicielle à transmettre à la CJUE ?

La conciliation de ces deux contrôles de hiérarchie des normes est donc une véritable question. Elle a été posée par la Cour de cassation dans l'affaire Melki. Une disposition du Code de procédure pénale prévoit des contrôles de police aux frontières des vingt kilomètres : la question se pose à la fois de sa constitutionnalité et de sa compatibilité avec le principe de libre circulation des personnes du droit de l'Union européenne. Quel contrôle choisir, le contrôle de constitutionnalité ou le contrôle de conventionnalité ? La Cour de cassation a posé la question à la CJUE qui a répondu, dans une décision du 22 juin 2010 (C-188/10 et C-189/10), en laissant la porte ouverte à une conciliation des modes de contrôle de la hiérarchie des normes. Les deux questions, préjudicielle d'une part, de constitutionalité d'autre part, ont un domaine différent, l'une le droit de l'Union européenne, l'autre le droit français. Le droit de l'UE et la question préjudicielle ne sont pas remis en cause par la question prioritaire de constitutionnalité tant que le juge conserve la possibilité de poser la question préjudicielle. La compatibilité de la question prioritaire de constitutionnalité française avec le droit de l'UE est assurée dès lors que les juridictions restent libres, à tout moment, de poser la question préjudicielle à la CJUE et qu'elles peuvent prendre des mesures conservatoires pour assurer la protection juridictionnelle des droits conférés par l'ordre juridique de l'Union européenne. La Cour de cassation loin de profiter de la solution de compromis suggérée, s'est emparée, dans sa décision du 29 juin 2010 rendue en Assemblée plénière, de la difficulté de prendre des mesures provisoires pour garantir le droit de l'Union européenne pour préférer la question préjudicielle à la question prioritaire de constitutionnalité en cas de concours de contrôle de la hiérarchie des normes. Il est tenté de maintenir un parallélisme des procédures de contrôle pour éviter d'avoir à résoudre la difficile question de savoir si le droit de l'UE est ou non supérieur à la Constitution. Le choix de traiter la question préjudicielle est intéressant car il sous-entend l'importance du droit européen, mais aussi le constat qu'il ne peut y avoir contradiction entre ce droit et la Constitution, puisque cette dernière est modifiée avant le vote et que la ratification des traités européens empêchent toute incompatibilité.

Le Conseil d'État dans l'affaire Daoudi du 8 octobre 2010, considérant que la directive respectait les exigences du droit européen, a simplement transmis la QPC au Conseil constitutionnel car la question posée était nouvelle. Dans une décision du 6 décembre 2012, le Conseil d'État tente de tirer partie de la jurisprudence *Melki* ; mais les circonstances de l'affaire Société Air Algérie ne lui permettent pas de trancher la question. En effet, la QPC n'était pas posée dans un mémoire distinct en application de l'article 61-1 de la Constitution et les textes transposés mis en cause ne relevaient pas du droit de l'UE. La question reste donc en suspend devant le Conseil d'État, mais la doctrine autorisée estime que l'institution supérieure de l'ordre administratif devrait opérer un double renvoi.

Ces incertitudes montrent que la question de la hiérarchie des normes est au cœur de l'actualité. La doctrine (B. Bonnet, *Repenser les rapports entre ordres juridiques*, Lextenso éditions, coll. Forum, 2013, 208) suggère même de changer l'approche de la hiérarchie des normes. La primauté ne pouvant être qu'unique, celle du droit de l'UE s'impose, mais elle n'implique pas pour autant la remise en cause de la suprématie constitutionnelle dans l'ordre interne car elle n'est pas incompatible avec la primauté du droit européen. Pour dépasser le problème de la hiérarchie des normes, il est proposé de passer à une conception de systèmes et de rapports de systèmes. La boucle est bouclée, la hiérarchie des normes part de la philosophie du droit pour revenir à la philosophie du droit... Quant au droit positif, il faudra que de manière cumulative, la loi respecte les deux normes qui lui sont supérieures, la Constitution et les traités.

Pour aller plus loin

- P. Cassia, Nouvelles variations sur la hiérarchie et l'agencement des normes internes, internationales et de l'Union européenne, RFDA 2013, p. 653
- « Repenser les rapports entre ordres juridiques », Entretien avec Baptiste Bonnet, professeur agrégé de droit public à l'université Jean Monnet de Saint-Étienne, à propos de son ouvrage « Repenser les rapports entre ordres juridiques », LPA, 3 avril 2013 n° 67, p. 3

Sujets portant sur des thèmes voisins :

« La conformité des lois aux normes qui leur sont supérieures »

« Le contrôle de la constitutionnalité des lois »

Sujet 5 : Commentaire

Article 2 du Code civil

« La loi ne dispose que pour l'avenir ; elle n'a point d'effet rétroactif »

Le commentaire de texte est un exercice peu usité, mais fort utile pour comprendre l'essence du texte. Le commentaire de l'article 2 du Code civil permet d'aborder sous un autre angle que l'exercice précédent le thème de l'application de la loi dans le temps. L'article 2 du Code civil est une disposition fondatrice. Par conséquent, son commentaire est le moyen d'en saisir toute la richesse. L'article est court, il doit être cité dans son intégralité dans l'introduction du commentaire. Cette même introduction doit replacer l'article dans son contexte historique, sémantique : a-t-il subi de récentes réformes ou non, où se place-t-il dans le Code civil et le sens de cet emplacement. Les différents termes de l'article doivent être étudiés les uns après les autres par l'étudiant afin d'en tirer toute la substance. Ensuite il est possible de rechercher un plan pour reconstruire le commentaire. Le plan ne doit pas nécessairement suivre l'ordre des mots de l'article commenté. Cependant, il est possible de respecter cet ordre lorsque le commentaire s'y prête comme c'est le cas pour l'article 2 du Code civil ce qui facilite grandement le travail de l'étudiant peu habitué à ce genre d'exercice.

L'article 2 du Code civil vise la loi, il faut donc en rappeler la définition dans le cadre de la Constitution, car le terme englobe désormais les règlements de l'article 34 de la Constitution. Il pose un principe apparemment clair : la loi ne dispose que pour l'avenir. La solution s'impose facilement pour les situations qui naissent après l'entrée en vigueur de la loi nouvelle et pour les situations définitivement achevées avant l'entrée en vigueur de la nouvelle loi. En revanche, la directive légale n'est pas si facile à appliquer pour les situations ayant commencé sans s'être achevées lors l'entrée en vigueur de la loi nouvelle. L'hésitation est alors permise : faut-il appliquer la loi aux effets de la situation qui perdurent après l'entrée en vigueur de la nouvelle loi ou faut-il laisser subsister la loi ancienne sous l'empire de laquelle les justiciables ont acquis leurs droits ? Pour y répondre et nourrir son commentaire, l'étudiant a besoin de ses connaissances de cours sur la théorie du Doyen Roubier et sur le choix opéré par la jurisprudence. Enfin dernière précision, qui peut paraître superfétatoire, la loi n'a point d'effet rétroactif. En réalité, cette précision permet d'offrir une certitude et une sécurité juridique aux justiciables : les droits acquis sous l'empire de la loi ancienne ne peuvent pas être remis en cause par une nouvelle loi. Dans son commentaire, l'étudiant doit insister sur le sens à donner à l'article 2 en présence de situations qui durent dans le temps et supportent une modification de la loi applicable au cours de leur exécution.

L'article 2 du Code civil pose des dispositions fondatrices relatives à l'application de la loi dans le temps. Il se situe dans la partie préliminaire du Code civil traitant de l'application des lois en général. Il suit l'article 1er qui précise les modalités d'entrée en vigueur des lois le lendemain de leur publication au Journal officiel de la République française, sauf disposition contraire et spéciale. Il est suivi de l'article 3 qui précise le domaine d'application territoriale des lois françaises tout en indiquant que les lois concernant l'état et la capacité des personnes régissent les Français même résidant à l'étranger. Il est opportun de rappeler que l'article 3 sert de fondement aux règles de conflit de droit international privé. Ces règles permettent de trancher les conflits de lois dans l'espace et de déterminer s'il convient d'appliquer la loi française ou la loi étrangère si une partie de la situation juridique se déroule en dehors du territoire français. L'article 3 permet de trancher les conflits de lois dans l'espace, l'article 2 sert de guide pour trancher les conflits de lois dans le temps. On sait que les lois s'appliquent de leur entrée en vigueur jusqu'à leur abrogation. L'affirmation est faussement simple. Elle ne pose pas de problème pour les situations juridiques qui se nouent entièrement sous l'empire de la loi nouvelle ou se dénouent entièrement sous l'empire de la loi ancienne. En présence d'une situation juridique qui se prolonge dans le temps, il peut y avoir des conflits de lois dans le temps, c'est-à-dire des conflits entre deux lois successives. Or les règles d'entrée en vigueur et d'abrogation de la loi ne suffisent pas pour déterminer quels seront les faits et les actes soumis à la loi ancienne et ceux soumis à la loi nouvelle. Pour répondre à ces difficultés, souvent le législateur arrête des dispositions transitoires dans la loi nouvelle pour préciser son champ d'application dans le temps. Quoi qu'il en soit le problème ne se pose réellement qu'en présence d'une situation juridique qui est née sous l'empire de la loi ancienne et qui continue de produire ses effets alors qu'une loi nouvelle entre en vigueur. Ce type de conflits, accrus par l'inflation législative, doit trouver une solution qui permette de tracer les limites entre la loi ancienne et la loi nouvelle. C'est là le rôle de l'article 2 du Code civil qui pose les principes directeurs et généraux du droit transitoire Le législateur est le premier à donner une réponse en consacrant le principe de non-rétroactivité de la loi et celui de son application immédiate.

Derrière ces règles s'affrontent la sécurité juridique d'une part et l'introduction des progrès de la loi nouvelle d'autre part. La sécurité juridique plaide pour le maintien des dispositions qui ont permis l'acquisition de droits garantissant la protection des droits acquis. La loi nouvelle voit alors son application dans le temps reportée et elle ne peut pas être appliquée immédiatement. Le besoin de sécurité exige que l'on restreigne au maximum le domaine d'application dans le temps de la loi nouvelle. Les individus ont organisé leurs activités en tenant compte de leur environnement juridique. Si celui-ci est modifié par une loi nouvelle, les contrats ou autres techniques juridiques prévus risquent de ne plus être adaptés voire ne plus être valables eu égard aux nouvelles dispositions légales. Le souci de sécurité impose de ne pas remettre en cause les actes passés conformément à une loi connue et parfois même choisie entre plusieurs régimes possibles par les parties. De même, il est inconcevable qu'un acte licite à une période, commis par un citoyen, lui soit reproché par la loi quelque temps plus tard. Cette impossibilité se traduit par le principe de non-rétroactivité de la loi. La loi nouvelle ne peut viser que les droits nouveaux acquis sous son empire. Les progrès de la loi nouvelle imposent une application immédiate, voir rétroactive de la loi nouvelle, pour offrir les avantages de dispositions adaptées aux besoins actuels des sujets de droit. Entre ces deux exigences, l'article 2 pose un principe : « *La loi ne dispose que pour l'avenir ; elle n'a point d'effet rétroactif* ».

Sous une apparente clarté, le texte est plus riche et plus complexe qu'il n'y paraît. Si la loi ne dispose que pour l'avenir, cette affirmation ne résout pas la difficile question des situations qui sont nées sous l'empire de la loi ancienne et perdurent une fois la loi nouvelle entrée en vigueur. La doctrine et la jurisprudence ont apporté des réponses en interprétant ces termes comme imposant l'application immédiate de la loi nouvelle (1). Il reste que la sécurité juridique impose la non-rétroactivité de la loi, or sous l'apparente fermeté du principe, il peut connaître des aménagements en droit civil (2).

1 • UN PRINCIPE : L'APPLICATION IMMÉDIATE DE LA LOI NOUVELLE

« *La loi ne dispose que pour l'avenir* », l'expression concerne deux hypothèses. La première est simple, elle concerne les situations qui se situent entièrement sous l'empire de la loi ancienne ou de la loi nouvelle. Le contrat de vente réalisé par le paiement et la remise de l'objet de la vente est exécuté dans un court laps de temps, par conséquent, il dépend clairement de la loi en vigueur lors de sa conclusion et de son exécution. La formule de l'article 2 est facile à mettre en œuvre, la loi ne dispose que pour l'avenir, elle ne concerne que les contrats conclus et exécutés après son entrée en vigueur.

La seconde hypothèse révèle les lacunes de la formule du code dénoncée par le Doyen Roubier. En effet, quelle solution doit-on retenir pour les situations juridiques nées avant l'entrée en vigueur de la loi nouvelle mais toujours en cours au moment de son entrée en vigueur ou dont la constitution ou l'extinction, parce qu'elle nécessite un certain temps, n'est pas achevée alors que la loi nouvelle entre en vigueur ? Roubier a proposé une autre solution pour les situations juridiques en cours au moment de l'entrée en vigueur de la loi nouvelle. Le problème ne pouvant être résolu par la non-rétroactivité de la loi nouvelle et la non-survie de la loi ancienne, il prône le principe de l'effet immédiat de la loi nouvelle. Cela signifie que, par principe, la loi nouvelle a vocation à s'appliquer immédiatement aux situations juridiques en cours au moment de son entrée en vigueur, c'est-à-dire principalement aux situations juridiques nées précédemment et non encore terminées. En d'autres termes, tout ce qui a été accompli dans le cadre de telle ou telle situation juridique en cours sous l'empire de la loi ancienne reste valable, mais dès que la loi nouvelle entre en vigueur, la situation juridique en cours doit s'y soumettre immédiatement et entièrement. Cette position a fortement influencé la jurisprudence qui a fait sienne, avec des nuances et adaptations, le principe de l'application immédiate de la loi nouvelle aux effets des situations en cours.

A - Application immédiate aux effets des situations juridiques légales

Le principe de l'application immédiate de la loi nouvelle s'impose. Les progrès de justice social de la loi nouvelle sont privilégiés et la sécurité juridique est cantonnée au strict minimum. La règle vaut pour les lois de procédure. Ces dernières ainsi que les lois relatives aux preuves, sont applicables aux procès en cours parce qu'elles sont censées apporter une amélioration à leur déroulement. Parce que la loi nouvelle est en principe plus favorable aux justiciables, elle doit s'appliquer le plus largement possible. Il en est ainsi, des lois pénales de forme et des lois portant sur la compétence, l'organisation judiciaire et la procédure, qui s'appliquent immédiatement aux faits commis avant même leur promulgation. Les actes procéduraux accomplis avant la loi nouvelle ne seront pas remis en cause, ni leurs effets, mais la loi nouvelle va s'appliquer à tous les actes à venir.

Lorsque la jurisprudence doit déterminer la loi applicable à une situation juridique non-contractuelle (comme le divorce, la filiation ou la responsabilité délictuelle), elle consacre le principe de l'application immédiate de la loi nouvelle. Celle-ci régira désormais les effets futurs de la situation juridique sans modifier ses effets passés nés sous l'empire de la loi antérieure. Concrètement, la situation juridique qui dure dans le temps connaît deux régimes juridiques successifs. Le premier est celui de la loi ancienne et le second est celui de la loi nouvelle qui s'applique immédiatement dès son entrée en vigueur. Ainsi la règle de l'application immédiate de la loi nouvelle est-elle très simple : toute loi nouvelle s'applique immédiatement aux effets à venir des situations juridiques non contractuelles en cours au moment où elle entre en vigueur.

La solution vaut pour les situations non contractuelles. Pour les situations contractuelles, la jurisprudence a choisi la sécurité juridique, la protection des droits acquis en limitant l'application de la loi nouvelle.

B - Absence d'application immédiate aux effets des situations juridiques contractuelles

En présence d'une situation juridique contractuelle, la jurisprudence consacre le principe de survie de la loi ancienne. Les parties ont conclu le contrat en considération de la loi en vigueur à ce moment-là. Le souci de sécurité juridique commande qu'elle reste applicable même si une réforme législative intervient au cours de l'exécution du contrat. La jurisprudence, suivant en cela les propositions du doyen Roubier, permet non seulement que la loi nouvelle n'agisse pas sur les étapes passées du contrat, mais admet que la loi ancienne continue à régir ses effets postérieurs à celle-ci. La survie de la loi ancienne est alors consacrée pour mieux protéger les droits acquis par les sujets de droit.

L'application immédiate de la loi nouvelle est alors une exception qui se justifie par le caractère impératif des dispositions de la loi nouvelle. La sécurité et le principe de l'autonomie de la volonté s'effacent devant la justice sociale.

S'agissant d'une exception au principe de la survie de la loi ancienne dans le contrat, les tribunaux interprètent de façon très stricte le caractère impératif de la loi nouvelle. Ils apprécient si la sécurité des particuliers (garantie par la survie de la loi ancienne) l'emporte devant l'intérêt social (l'application immédiate de la loi nouvelle), si la survie de la loi ancienne est préjudiciable à l'ordre public. Traditionnellement, dans les domaines comme le droit social ou celui des baux, les lois nouvelles sont applicables à tous les contrats, y compris aux contrats en cours. Ainsi il a été jugé que l'ordre public social impose l'application immédiate aux contrats de travail en cours et conclus avant leur entrée en vigueur des lois nouvelles ayant pour objet d'améliorer la condition ou la protection des salariés. La solution a ainsi protégé un salarié engagé comme aide-charcutier qui a pu bénéficier des nouvelles dispositions législatives relatives au contrat de travail à temps partiel.

La frontière entre l'application immédiate de la loi nouvelle aux contrats en cours et la non-rétroactivité de la loi est parfois délicate. Le changement de loi applicable au contrat en cours vient nécessairement remettre en cause la prévisibilité des droits acquis par les parties, par suite l'application immédiate vient indirectement modifier les conditions de conclusion du contrat. Si la nuance est délicate, elle existe : les effets du contrat sous l'empire de la loi ancienne ne peuvent pas être remis en cause, seuls les effets postérieurs à l'entrée en vigueur de la loi nouvelle sont modifiés troublant la prévisibilité de l'exécution du contrat. La sécurité juridique explique la règle de la non-rétroactivité de la loi.

2 • UNE PRÉCISION : LA NON-RÉTROACTIVITÉ DE LA LOI

La loi « n'a point d'effet rétroactif ». Le principe est posé dans le Code civil mais il ne doit pas induire en erreur, la règle a valeur constitutionnelle pour les lois pénales (A) pas pour les lois civiles (B).

A - La non-rétroactivité constitutionnelle des lois pénales

Elle est constitutive des droits fondamentaux car le droit pénal touche à l'intégrité de la personne. Une personne peut-elle être jugée et condamnée conformément à une loi nouvelle qui a créé ou renforcé une incrimination, une loi qui est donc plus dure ? La réponse est négative. En principe nul ne peut être frappé pour un acte qui n'était pas prévu par la loi pénale lorsqu'il a été commis ou atteint d'une peine supérieure à celle qui était alors en vigueur. Cette règle est énoncée clairement par l'article 112-1 du Code pénal qui prévoit que « *seuls sont punissables les faits constitutifs d'une infraction à la date à laquelle ils ont été commis* » et que « *peuvent seules être prononcées les peines légalement applicables à la même date* ». En matière pénale le principe est celui de la légalité des délits et des peines. Il est donc impossible d'être poursuivi pour un fait qui n'était pas légalement sanctionné au moment de sa réalisation. Le principe de la légalité des délits et des peines a pour corollaire le principe de non-rétroactivité de la loi pénale.

Pour être fondamental le principe de non-rétroactivité de la loi pénale a une valeur constitutionnelle. La règle figure à l'article 8 de la Déclaration des droits de l'homme et du citoyen, composante du bloc de constitutionnalité. En conséquence, le législateur ne peut y déroger et le juge ne peut appliquer rétroactivement une loi pénale. La hiérarchie des normes garantit la protection des justiciables.

En revanche, les lois civiles peuvent être exceptionnellement et expressément rétroactives.

B - La rétroactivité exceptionnelle des lois civiles

Contrairement au droit pénal, en matière civile, il existe des lois rétroactives. La plus célèbre est le décret du 17 nivôse an II, modifiant les règles de dévolution successorale pour toutes les successions ouvertes depuis le 14 juillet 1789. Ce décret a entraîné la remise en cause de nombreuses successions réglées entre ces deux dates sous l'empire de la loi antérieure et conduit à l'énoncé du principe de non-rétroactivité pour éviter qu'une telle situation ne se reproduise. Plus récemment, la loi n° 82-526 du 22 juin 1982, sur les droits et les obligations des locataires et des bailleurs, (dite loi « *Quilliot* »), rendant ses dispositions relatives au congé applicables, non seulement pour l'avenir, mais aussi à tous les congés notifiés à compter du 7 octobre 1981 ; la loi n° 85-677 du 5 juillet 1985 introduisant un régime spécial de responsabilité en cas d'accident de la circulation, déclarée applicable aux instances en cours, c'est-à-dire aux accidents survenus avant l'entrée en vigueur de la loi et non encore jugés définitivement ; l'ordonnance du 27 août 1944 réprimant les faits de collaboration ; enfin, la loi n° 86-1322 du 30 décembre 1986, dite loi « Chalandon », faisant rétroagir la loi du 9 septembre 1986 en matière de jugement des actes de terrorisme commis postérieurement au 31 décembre 1984.

Les hypothèses de lois rétroactives restent l'exception, en raison du risque d'arbitraire et d'insécurité juridique que provoque l'éventualité de l'application rétroactive d'une loi nouvelle, même si la rétroactivité présente l'avantage de permettre l'application d'une loi meilleure. Une loi n'a un effet rétroactif que lorsque le Parlement qui l'a votée s'est expressément exprimé sur ce point et, s'agissant d'une exception, elle doit s'interpréter strictement.

Certaines lois sont rétroactives par nature. Les premières sont les lois interprétatives parce qu'elles fixent le sens d'une loi adoptée antérieurement, les lois nouvelles interprétatives sont censées être entrées en vigueur avec la loi qu'elles interprètent. La loi interprétative n'est pas à proprement parler une loi nouvelle autonome, puisqu'elle ne modifie pas, mais explique seulement la loi ancienne. Elle s'identifie à la loi interprétée. La jurisprudence décide qu'elle rétroagit donc au jour où la loi ancienne est entrée en vigueur. Pour éviter que le principe de non-rétroactivité ne soit contourné en déclarant interprétative une loi qui en réalité change l'état du droit, la Cour de cassation contrôle de façon très restrictive le caractère interprétatif des lois. Pour faire rétroagir la loi nouvelle, les tribunaux recherchent, sans se préoccuper du titre de la loi, si la loi ancienne nécessitait vraiment une interprétation en raison de son obscurité ou d'une contradiction, et si la loi nouvelle se borne à cette interprétation. Dans le cas contraire, c'est-à-dire si le législateur tente d'élargir le champ de la rétroactivité, les tribunaux le restreignent aux seules lois réellement interprétatives. Ainsi, l'Assemblée plénière de la Cour de cassation, dans un arrêt du 23 janvier 2004, s'est opposée à l'application aux procès en cours d'une disposition de la loi MURCEF en l'absence d'« impérieux motifs d'intérêt général », la disposition en question n'ayant pour seul effet que de faire échec à une jurisprudence qui ne concernait que des intérêts privés.

De plus, autre limitation jurisprudentielle, sauf disposition expresse contraire, la loi interprétative ne s'applique pas aux instances qui ont reçu une solution définitive.

Il convient de préciser que la loi pénale qui a un caractère interprétatif rétroagit également (contrairement au principe de non-rétroactivité de la loi pénale) et ce même si elle vient consacrer une interprétation de la loi précédente plus rigoureuse que celle qui prévalait en jurisprudence. Si l'interprétation tend à adoucir la loi ancienne cette rétroactivité n'est plus exceptionnelle puisque les lois pénales plus douces sont d'application immédiate aux infractions, même antérieurement commises.

Les lois pénales les plus douces sont rétroactives. Alors que la loi pénale plus sévère ne peut rétroagir, le principe de la rétroactivité *in mitius* signifie que la loi pénale plus douce peut s'appliquer à des faits réalisés avant son entrée en vigueur. La non-rétroactivité de la loi pénale s'explique lorsque celle-ci établit une nouvelle infraction, par le fait que l'on ne peut pas imaginer punir un individu pour un acte qui était licite au moment où il l'a accompli. Inversement, le même souci d'humanité commande qu'une loi pénale plus douce puisse s'appliquer même aux infractions commises avant son entrée en vigueur, lorsque le procès est encore en cours et qu'aucune décision définitive n'a été rendue. Le Code pénal de 1994 a consacré cette solution dans son article L. 112-1 alinéa 3 selon lequel « *les dispositions nouvelles s'appliquent aux infractions avant leur entrée en vigueur et n'ayant pas donné lieu à une condamnation passée en force de chose jugée lorsqu'elles sont moins sévères que les dispositions anciennes* ». C'est également celle retenue par la Convention européenne de sauvegarde des droits de l'homme et des libertés fondamentales du 4 septembre 1950 qui prévoit toutefois la possibilité de condamner un comportement qui, lors de sa réalisation, n'était pas interdit, mais était criminel d'après les principes généraux du droit reconnu par les nations civilisées.

Sujet 6 : Dissertation

Le législateur et le principe de non-rétroactivité de la loi

Le thème de la non-rétroactivité de la loi est un sujet fréquent de dissertation. Bien souvent il est abordé sous une forme plus classique et générale telle « l'application de la loi dans le temps » ou « le principe de non-rétroactivité des lois ». L'étudiant est alors renvoyé à une partie du cours, traitée généralement dans un chapitre ou une section, sous un de ces intitulés ou celui de « droit transitoire ». La difficulté est justement de s'abstraire du cours. À défaut de plan original, l'étudiant est contraint de n'omettre aucun des éléments du cours. Dans le sujet proposé l'approche n'est pas tout à fait la même. Le thème est précisé : il ne s'agit pas simplement de présenter le principe de non-rétroactivité de la loi mais de l'aborder à travers le prisme du législateur. Traiter uniquement du principe de non-rétroactivité de la loi serait sanctionné par le correcteur puisque ce n'est pas le sujet. Même si certains éléments de connaissance sont les mêmes, leur choix et leur traitement sont dictés par le sujet. Ici, tous les développements sur les propositions doctrinales (théorie des droits acquis et théorie de l'application immédiate de la loi du doyen Roubier) ne doivent pas être développées, ni la position de la jurisprudence. L'étudiant doit éviter le piège du hors sujet et la tentation d'étaler ses connaissances. Un travail de réflexion est requis.

La lecture du sujet lui donne son orientation. Bien sûr, il ne s'agit pas de traiter dans une première partie du législateur et dans une seconde du principe de non-rétroactivité de la loi. La question est de savoir pourquoi lier les deux. Quel peut être le rôle ou le pouvoir du législateur sur le principe de non-rétroactivité de la loi ?

Selon la démarche habituelle, il faut réunir le matériel utile à la dissertation. Il faut rechercher dans ses connaissances, principalement le cours et les documents de travaux dirigés, les éléments qui répondent au sujet. Or, on sait que le principe de non-rétroactivité est énoncé par le législateur lui-même. L'ossature de la dissertation réside dans l'analyse de l'article 2 du Code civil (cf. commentaire corrigé). Selon cet article, « la loi ne dispose que pour l'avenir ; elle n'a point d'effet rétroactif ». Mais d'autres lois, formes d'expression du législateur, répètent le principe de non-rétroactivité, qu'il s'agisse du Code pénal, de la Déclaration des droits de l'homme et du citoyen ou de la Convention européenne de sauvegarde des droits de l'homme et des libertés fondamentales. Un piège à éviter est de ne traiter que l'article 2 du Code civil. Il ne vous est pas demandé un commentaire de celui-ci, ni précisé qu'il ne faut se référer qu'au seul législateur civil.

Il faut dans un premier temps énoncer ces textes et les analyser. Quel est leur sens ? C'est-à-dire que signifie la non-rétroactivité de la loi ? Pourquoi ce principe a-t-il été consacré ? C'est-à-dire quels sont la justification et le but de cette règle ? Les réponses à ces questions alimenteront la première partie. Sans oublier la valeur de ces lois. En effet les dispositions à valeur constitutionnelle (la Déclaration des droits de l'homme intégrée dans le bloc de constitutionnalité) ou supra législative (la Convention européenne) renforcent la valeur du principe en matière pénale. Le principe de la non-rétroactivité de la loi civile n'a qu'une valeur légale alors qu'en matière pénale il a valeur constitutionnelle. Cela implique que le législateur ne peut y déroger. Ce constat introduit un deuxième axe de réflexion, celui des limites que le législateur peut apporter au principe.

Dans un deuxième temps, il faut envisager de quel pouvoir dispose le législateur pour s'opposer au principe. L'étudiant doit recenser les différentes hypothèses de lois rétroactives :

- les lois déclarées expressément rétroactives par le législateur ;

- les lois rétroactives par nature c'est-à-dire les lois interprétatives, les lois de validation, les lois de procédure et les lois pénales plus douces applicables aux procès en cours.

De ce qui précède, on peut constater que le législateur est à la fois un garant du principe puisque : c'est lui qui l'énonce et le consacre, et un opposant au principe puisqu'il adopte lui-même des lois rétroactives. Voici nos deux parties (la même idée se retrouve dans deux intitulés tels : I. un principe posé par le législateur et II. un principe contredit par le législateur). Le choix des sous-parties est délicat. Pour la première partie on peut envisager simplement de présenter le principe (A) avant sa consécration législative (B). On peut aussi envisager de distinguer entre la loi civile et la loi pénale. Si le législateur est gardien du principe énoncé à l'article 2 du Code civil (A) il lui est soumis en matière pénale puisque ce principe a valeur constitutionnelle (B).

Pour la deuxième partie, il s'agit de trouver une répartition des exceptions légales en deux sous parties. On peut tout simplement distinguer entre les lois expressément rétroactives (A) et les lois rétroactives par nature (B). De façon un petit peu plus recherchée on peut proposer une distinction entre les lois rétroactives par souci de sécurité (celles qui corrigent les lois précédemment adoptées, en les interprétant ou en les validant) et les lois rétroactives par souci de justice (celles qui sont destinées à améliorer le sort des justiciables : les lois pénales plus douces, les lois de procédure et plus généralement toutes les lois que le législateur choisit de faire rétroagir).

Source principale du droit, la loi s'applique de son entrée en vigueur jusqu'à son abrogation. En présence d'une situation juridique qui se prolonge dans le temps, il peut y avoir des conflits de lois dans le temps, c'est-à-dire des conflits entre deux lois successives. Or les règles d'entrée en vigueur et d'abrogation de la loi ne suffisent pas pour déterminer quels seront les faits et les actes soumis à la loi ancienne et ceux soumis à la loi nouvelle. En réalité, le problème ne se posera réellement qu'en présence d'une situation juridique qui est née sous l'empire de la loi ancienne et qui continue de produire ses effets alors qu'une loi nouvelle intervient. Ce type de conflits, accrus par l'inflation législative, doit trouver une solution qui permette de tracer les limites entre la loi ancienne et la loi nouvelle. Le législateur est le premier à donner une réponse en consacrant le principe de non-rétroactivité de la loi. Pour cela il a pris en compte deux impératifs apparemment opposés : le souci de sécurité et le souci de justice.

Le besoin de sécurité exige que l'on restreigne au maximum le domaine d'application dans le temps de la loi nouvelle. Les individus ont organisé leurs activités en tenant compte de leur environnement juridique. Si celui-ci est modifié par une loi nouvelle, les contrats ou autres techniques juridiques prévus risquent de ne plus être adaptés, voire ne plus être valables eu égard aux nouvelles dispositions légales. Le souci de sécurité impose de ne pas remettre en cause les actes passés conformément à une loi connue et parfois même choisie entre plusieurs régimes possibles par les parties. De même, il est inconcevable qu'un acte licite à une période, commis par un citoyen, lui soit reproché par la loi quelque temps plus tard. Cette impossibilité se traduit par le principe de non-rétroactivité de la loi. Celle-ci ne peut avoir d'effet sur le passé.

Tout autant le principe de non-rétroactivité de la loi permet au législateur de répondre au souci indéniable du respect de la justice. En effet, pourquoi punirait-on quelqu'un pour un acte qui, quand il l'a commis, n'était pas répréhensible ? Le but de ce principe est donc aussi de servir et d'assurer la justice. Pourtant le besoin de justice conduit, quant à lui, à une application dans le temps la plus large possible, de la loi nouvelle présumée meilleure que l'ancienne. Par postulat, si le législateur intervient, c'est pour réaliser des améliorations par rapport à la loi ancienne et il serait alors injuste de priver les individus de celles-ci. C'est pourquoi le législateur n'hésite pas, s'il le peut, à adopter des lois rétroactives.

Le législateur apparaît donc à la fois comme le garant du principe de non-rétroactivité de la loi qu'il consacre dans plusieurs textes (I) et un opposant au principe quand il adopte des lois rétroactives (II).

1 • LE LÉGISLATEUR, GARANT DU PRINCIPE DE NON-RÉTROACTIVITÉ DE LA LOI

Certaines lois contiennent des dispositions transitoires et délimitent ainsi leur champ d'application dans le temps. Mais si la loi ne contient aucune disposition de ce type, le législateur a consacré dans plusieurs textes (B) le principe de non-rétroactivité de la loi (A).

A - Le sens du principe

Le sens du principe est simple : une loi nouvelle ne peut modifier les situations résolues sous l'empire de la loi ancienne. Le législateur a posé ce principe dans un but de sécurité juridique.

Ce principe de non-rétroactivité trouve historiquement une explication dans la théorie des droits acquis. Les juristes du Moyen-Age avaient proposé des principes de solution au problème de conflits de lois dans les temps, basés sur une distinction entre droits acquis et simples expectatives. Les droits acquis étant des droits définitivement entrés dans un patrimoine, telle une succession par exemple, ou des situations juridiques définitivement créées, ils doivent être sauvegardés, même contre une loi nouvelle. À l'inverse, les simples expectatives, qui ne sont que des espérances non encore réalisées, peuvent être atteintes par une loi nouvelle. Cette théorie, qui s'oppose à toute remise en cause des droits acquis des individus, trouve son prolongement dans l'affirmation de l'absence d'effet rétroactif de la loi. La loi ne peut agir sur le passé. Elle ne peut plus intervenir sur des situations juridiques entièrement nées et réalisées avant son entrée en vigueur. Nul ne peut par exemple être puni pour un acte commis dans le passé si la loi ne le condamnait pas à ce moment. Peu importe si une nouvelle loi est venue postérieurement le sanctionner. Ainsi chacun se voit garantir le respect de ses droits passés. Les hommes sont censés agir en fonction de la législation en vigueur (qu'ils sont censés connaître). Leurs actes sont censés être déterminés par le contexte juridique. Le contraire aurait pour effet non seulement de limiter les initiatives mais aussi de créer une insécurité juridique inadmissible. Il est impossible de régir son comportement en fonction d'une éventuelle règle de droit. L'insécurité juridique régnerait et la fonction première de la règle de droit, celle d'imposer des comportements aux individus, ne pourrait être assurée.

Non seulement les lois nouvelles ne peuvent pas être appliquées à des situations juridiques, actes ou faits, antérieurs à leur promulgation mais, à partir du moment où elles sont entrées en vigueur, elles régiront toutes les situations juridiques qui naîtront postérieurement. C'est le sens de la seconde formule de l'article 2 du Code civil selon laquelle « loi ne dispose que pour l'avenir ». Cette règle est le nécessaire complément du principe de non-rétroactivité énoncé par la première phrase de ce même article. Le principe de la non-rétroactivité est en effet consacré par plusieurs textes législatifs.

B - La consécration législative du principe

Le principe de non-rétroactivité de la loi est formulé dans des textes d'origines diverses. En matière civile, l'article 2 du Code civil affirme que « la loi n'a point d'effet rétroactif ». La loi ne s'applique pas aux situations juridiques entièrement nées et achevées sous l'empire de la loi ancienne, ni à leurs effets passés. Tout ce qui a été réalisé sous l'empire de la loi ancienne reste valable.

En matière pénale, plusieurs articles consacrent le principe de non-rétroactivité de la loi pénale. Ce sont l'article L 112-1 du nouveau Code pénal selon lequel « seuls sont punissables les faits constitutifs d'une infraction à la date à laquelle ils ont été commis », l'article 8 de la Déclaration des droits de l'homme et du citoyen du 26 août 1789 qui prévoit que « la loi ne doit établir que des peines strictement et évidemment nécessaires, et nul ne peut être puni qu'en vertu d'une loi établie et promulguée antérieurement au délit, et légalement appliquée » et l'article 7-1 de la Convention européenne de sauvegarde des droits de l'homme et des libertés fondamentales du 4 septembre 1950 qui dispose que « nul ne peut être condamné pour une action ou une omission qui, au moment où elle a été commise, ne constituait pas une infraction d'après le droit national ou international ». En réalité, ces textes ne consacrent que la non-rétroactivité des lois pénales plus dures, c'est-à-dire celles qui créent une nouvelle infraction ou alourdissent une sanction. Ces textes révèlent un souci d'humanité de la part du législateur. Celui qui a réalisé un acte licite au moment où il l'a commis, ne peut être postérieurement sanctionné. Ce souci d'humanité est tellement fort que le principe de non-rétroactivité a été doté d'une valeur constitutionnelle. En effet, sa présence dans la Déclaration des droits de l'homme qui est un élément du bloc de constitutionnalité lui confère cette valeur supra législative. Cette valeur est confirmée par la Convention européenne des droits de l'homme qui dans la hiérarchie des normes se situe également au-dessus des lois. Cela implique que le législateur, obligé de respecter les principes constitutionnels, ne peut adopter de lois pénales plus dures rétroactives. Inversement, la non-rétroactivité des lois pénales, puisque non prévue par un texte de valeur constitutionnelle, ne lie pas le législateur qui peut dès lors, comme en matière civile, s'y opposer.

2 • LE LÉGISLATEUR, OPPOSANT AU PRINCIPE DE NON-RÉTROACTIVITÉ DE LA LOI

On peut constater que le législateur adopte parfois des lois en contradiction avec le principe de non-rétroactivité qu'il a pourtant lui-même consacré. Certaines lois sont même rétroactives par nature.

Plusieurs explications peuvent être données. Lorsque la loi nouvelle est meilleure que la loi ancienne, quand elle apporte des améliorations sociales ou procédurales, dans sa quête de justice, le législateur doit apporter des exceptions au principe de non-rétroactivité de la loi (A). Certaines lois visent à améliorer ou corriger la loi ancienne, soit en l'interprétant, soit en la modifiant de façon à ce qu'elle puisse produire les effets pour lesquels elle avait été adoptée. Plutôt que d'adopter entièrement une loi nouvelle, il est plus simple, rapide et intelligent, de modifier une loi ancienne. Ces lois sont rétroactives dans un souci de sécurité (B).

A - Les lois rétroactives par souci de justice

Contrairement au juge qui est tenu de respecter l'article 2 du Code civil, le législateur civil peut y déroger, car il ne s'agit pas d'une règle de valeur constitutionnelle. Le législateur peut donc adopter des lois civiles rétroactives. On peut citer à titre d'exemple, la loi du 5 juillet 1985 prévoyant une indemnisation pour les victimes d'accidents de la route produits même avant son entrée en vigueur. Et plus récemment la loi n° 2002-303 du 4 mars 2002 relative aux droits des malades et à la qualité du système de santé qui a vocation à s'appliquer aux accidents médicaux consécutifs à des activités de prévention, de diagnostic ou de soins survenus 6 mois avant sa publication (depuis le 5 septembre 2001).

Les lois rétroactives restent toutefois rares car elles peuvent être sources d'arbitraire et d'insécurité juridique. C'est, rappelons-le, la loi du 17 nivôse an II, modifiant les règles de dévolution successorale pour toutes les successions ouvertes depuis le 14 juillet 1789 et qui avait conduit à la remise en cause de nombreuses successions déjà réglées sous l'empire de la loi antérieure, qui a motivé par suite l'adoption du principe de la non-rétroactivité des lois.

En revanche, le législateur pénal ne peut déroger à ce principe de non-rétroactivité, puisqu'il s'agit en la matière d'un principe de valeur constitutionnelle par sa mention dans la Déclaration des droits de l'homme et du citoyen de 1789. Mais cette exigence ne vaut que pour la loi pénale plus sévère qui ne peut rétroagir. Il existe en effet le principe inverse de la rétroactivité *in mitius* qui autorise la loi pénale plus douce à s'appliquer à des faits réalisés avant son entrée en vigueur. La non-rétroactivité de la loi pénale s'explique lorsque celle-ci établit une nouvelle infraction, par le fait que l'on ne peut pas imaginer punir un individu pour un acte qui était licite au moment où il l'a accompli. Il en est de même quand la loi alourdit une peine. Inversement, le même souci d'humanité commande qu'une loi pénale plus douce puisse s'appliquer même aux infractions commises avant son entrée en vigueur, lorsque le procès est encore en cours et qu'aucune décision définitive n'a été rendue. Le principe de sécurité juridique justifie aussi qu'aucun délinquant ne puisse être exposé à subir une peine en vertu d'une loi dont il n'a pas pu prévoir l'application. Ainsi, si la loi nouvelle supprime une incrimination antérieure, ou affaiblit la répression, abaisse la peine, par exception, elle rétroagit.

Cette rétroactivité est une exigence constitutionnelle, en raison des termes de l'article 8 de la Déclaration des droits de l'homme. Le législateur ne peut refuser qu'une loi pénale plus douce rétroagisse.

Elle ne s'applique pas aux condamnations devenues définitives ou irrévocables. Le Code pénal prévoit toutefois une exception lorsque la loi nouvelle supprime une incrimination. L'article 112-4 prévoit que « la peine cesse de recevoir exécution ».

Tout comme les lois pénales plus douces, les lois de procédure, ainsi que les lois relatives aux preuves, sont applicables aux procès en cours parce qu'elles sont censées apporter une amélioration à leur déroulement. Il s'agit d'une application immédiate de la loi nouvelle à une situation née antérieurement, plutôt que d'une véritable rétroactivité que l'on retrouve dans certaines lois rétroactives par souci de sécurité.

B - Les lois rétroactives par souci de sécurité

À côté des lois rétroactives par disposition expresse du législateur, il existe deux catégories de lois rétroactives par nature : les lois interprétatives et les lois de validation.

Parce qu'elles fixent le sens d'une loi adoptée antérieurement, les lois nouvelles interprétatives sont censées être entrées en vigueur avec la loi qu'elles interprètent (par exemple la Cour de cassation a qualifié de loi interprétative, la loi n° 2001-1168 du 11 décembre 2001 dite loi MURCEF). La loi interprétative n'est pas à proprement parler une loi nouvelle autonome, puisqu'elle ne modifie pas, mais explique seulement la loi ancienne. Elle s'identifie à la loi interprétée. La jurisprudence décide qu'elle rétroagit donc au jour où la loi ancienne est entrée en vigueur. Pour éviter que le principe de non-rétroactivité ne soit contourné en déclarant interprétative une loi qui en réalité change l'état du droit, la Cour de cassation contrôle de façon très restrictive le caractère interprétatif des lois.

Les lois de validation sont aussi rétroactives par nature. Ces lois ont pour seul objet de valider rétroactivement un acte administratif nul au moment de sa formation, selon les dispositions législatives en vigueur. En changeant ces dispositions, le législateur valide l'acte litigieux rétroactivement. Ainsi en est-il par exemple, d'un texte qui validerait un concours dont la régularité est attaquée devant les juridictions administratives. Le but du législateur est de consolider les situations juridiques existantes menacées par une annulation en justice.

Pour aller plus loin

Sujets portant sur des thèmes voisins

« L'application de la loi dans le temps »

« Conflits de lois dans le temps et sécurité juridique »

« La place de la rétroactivité dans notre ordre juridique interne »

Lectures autour du thème

- P. Deumier, « Rétroactivité des lois et droits fondamentaux », *RTD civ.* 2004.598.
- P. Théry, « Le refus d'application d'une loi nouvelle dans une procédure en cours ou le droit transitoire est-il soluble dans le procès équitable ? », *RTD civ.* 2006.366.

Sujet 7 : Cas pratique

M. Lambert

Monsieur Lambert est gérant d'une société. Ayant commis un détournement de biens sociaux à son profit personnel, le 1er avril 2014. Le 1er juillet 2014, il est poursuivi devant le tribunal correctionnel pour délit d'abus de biens sociaux. Il est informé du fait qu'il encourt une peine d'emprisonnement de 5 ans et une peine d'amende de 375 000 euros. Or une nouvelle loi a été promulguée le 2 juillet qui réduit la sanction à une peine de 3 ans d'emprisonnement. M. Lambert en bénéficiera-t-il ?

Son épouse ne supporte pas la situation et souhaite divorcer. Le 10 juillet 2014 est entrée en vigueur une loi (imaginaire) prévoyant que la prestation compensatoire que l'un des époux peut éventuellement réclamer de l'autre doit obligatoirement prendre la forme d'un capital, c'est-à-dire une somme versée en une seule fois et non périodiquement. Par ailleurs déjà criblé de dettes, M. Lambert sait qu'il ne pourra pas disposer d'un capital à verser à son épouse. Il se demande si cette loi s'applique vraiment à son cas.

Aux abois depuis longtemps, M. Lambert avait déjà envisagé de vendre sa maison pour s'installer dans un studio qu'il loue actuellement à Grégoire, étudiant en droit. La loi du 6 juillet 1989 (art. 15) prévoyant un délai de préavis de 6 mois, il lui a donné congé le 1er décembre 2013. Une nouvelle loi a été adoptée et publiée au journal officiel le 1er juin 2014. Cette loi modifie et complète plusieurs dispositions de la loi du 6 juillet 1989 et notamment prévoit un allongement de la durée du délai de préavis à 9 mois.

Grégoire peut-il se prévaloir des dispositions de la nouvelle loi ?

Quelle serait la durée du préavis si M. Lambert lui avait donné congé le 3 décembre 2013 ?
M. Lambert a entendu parler aux informations d'un projet de règlement européen qui prévoit qu'en cas de location à un étudiant, le bail ne peut être résilié avant la fin de l'année universitaire, soit le 30 octobre. Qu'en serait-il si le règlement était adopté ?

Les questions posées sont relatives à un problème d'application de la loi dans le temps, mais les deux nouvelles lois sont de nature différente. Or les règles de solution des conflits de lois dans le temps ne sont pas les mêmes en matière civile et pénale. Si le principe est toujours celui de la non-rétroactivité de la loi, il n'a pas la même valeur en matière civile (simple valeur légale) et en matière pénale (valeur constitutionnelle) et les exceptions ne sont pas non plus les mêmes.

En matière civile, il faut également distinguer selon la nature contractuelle ou extracontractuelle ou légale de la situation juridique :

- s'il s'agit d'une situation légale, le principe retenu est celui de l'article 2 du Code civil : la loi nouvelle s'appliquera immédiatement et ne régira que les effets futurs sans modifier les effets passés ;

- s'il s'agit d'une situation contractuelle le besoin de sécurité des parties, qui ont contracté en considération des lois en vigueur, s'oppose à ce que l'environnement du contrat soit modifié et conduit à la survie de la loi ancienne. Une exception demeure quand la loi est d'ordre public : elle s'applique immédiatement, le souci de justice l'emportant sur celui de sécurité.

Il convient alors de rechercher à chaque fois si la loi est soumise au principe de non-rétroactivité ou figure au rang de ses exceptions.

La dernière question ne relève plus du problème de l'application de la loi dans le temps mais de celui de la hiérarchie entre les normes : en cas de contradiction entre un règlement européen et une loi interne française, quel texte doit l'emporter ? La réponse est simple. Le droit européen, qu'il soit originaire ou dérivé, en vertu du principe de primauté, l'emporte sur la loi nationale des États membres. Ainsi, le règlement l'emporterait et serait directement applicable à la situation.

M. Lambert est confronté à plusieurs problèmes qui relèvent de la question de l'application de la loi dans le temps. La réponse est différente selon que la loi en question est pénale ou civile. Dans ce deuxième cas vient se greffer un conflit entre une loi française et un règlement européen.

1 • L'APPLICATION DANS LE TEMPS D'UNE LOI PÉNALE

M. Lambert doit être jugé pour un abus de biens sociaux commis en avril 2014. Il s'agit d'un délit pénal dont les sanctions ont été modifiées par une loi adoptée en juillet 2014 soit postérieurement au moment de sa réalisation mais avant que le jugement n'intervienne. Il faut déterminer quelle sera la loi applicable au moment du jugement qui interviendra plus tard.

Le principe, de valeur constitutionnelle, est que les lois pénales ne sont pas rétroactives. Il n'est pas possible, dans un souci de sécurité et de liberté des individus, de punir quelqu'un pour un acte qui n'était pas répréhensible au moment où il l'a commis, quand bien il le deviendrait ensuite par l'entrée en vigueur d'une nouvelle loi. Le raisonnement est le même, que la loi crée une nouvelle infraction ou en aggrave la sanction. C'est pourquoi le Code pénal précise que peuvent seules être prononcées les peines légalement applicables à la date à laquelle les faits constitutifs de l'infraction ont été commis (art. 112-1 al. 2).

Toutefois, et par exception, les lois pénales plus douces, c'est-à-dire qui suppriment ou allègent une sanction, rétroagissent. C'est la *rétroactivité in mitius*. Toujours dans un souci de justice, on considère qu'il faut appliquer les peines atténuées même en cas d'infractions antérieures à la loi quand le législateur estime lui-même que ces peines étaient excessives. L'article 7-1 de la Convention européenne de sauvegarde des droits de l'homme et des libertés fondamentales du 4 septembre 1950 confirme que « nul ne peut être condamné pour une action ou une omission qui, au moment où elle a été commise, ne constituait pas une infraction d'après le droit national ou international. De même il n'est infligé aucune peine plus forte que celle qui était applicable au moment où l'infraction a été commise ».

La nouvelle loi du 2 juillet 2014 réduisant la peine d'emprisonnement doit être qualifiée de loi pénale plus douce qui rétroagit. Elle est applicable, alors même qu'elle n'était pas entrée en vigueur au moment des faits. Ainsi en ce qui concerne l'infraction de détournement de biens sociaux, M. Lambert bénéficiera de la réduction de la peine d'emprisonnement. Il ne risque plus que trois ans d'emprisonnement.

2 • L'APPLICATION DANS LE TEMPS D'UNE LOI CIVILE

Deux hypothèses sont à distinguer : dans le cas du divorce, il s'agit de déterminer quelle est la loi applicable à une situation juridique légale. Dans le cas du contrat de bail, c'est la question de la loi applicable à une situation contractuelle qui se pose.

A - A. La loi applicable au divorce

La question est de savoir quelle est la loi applicable au futur divorce de M. Lambert.

L'article 2 du Code civil pose le principe de la non-rétroactivité de la loi civile. Il précise que la loi ne dispose que pour l'avenir et qu'elle n'a point d'effet rétroactif. Une difficulté se présente en présence d'un conflit de lois, c'est-à-dire lorsque la situation juridique est en cours lors de l'entrée en vigueur d'une loi nouvelle. En l'espèce, le divorce est une situation légale. Il est encore en cours puisqu'il n'a pas été prononcé.

Pour les situations légales, la règle, proposée par le doyen Roubier et précisée par la jurisprudence, est que la loi nouvelle s'applique immédiatement : sans remettre en cause les conditions de constitution, ni les effets passés d'une situation extra-contractuelle, elle régira ses effets futurs.

Par application de cette règle, la loi nouvelle s'appliquera au divorce de M. Lambert. Celui-ci sera donc obligé, le cas échéant, de verser une prestation compensatoire à son ex-épouse sous la forme d'un capital.

B - La loi applicable au bail

M. Lambert souhaite résilier le bail qu'il a donné à son locataire, Grégoire. Il lui a notifié son congé le 1er décembre 2013. La loi prévoyait un délai de préavis de six mois. Or une nouvelle loi a été adoptée, le portant à neuf mois. La question est de savoir quelle est la loi applicable au bail dans les deux hypothèses : que le congé ait été donné le 1er décembre 2013 ou le 3 décembre 2013.

1) 1er cas : congé signifié le 1er décembre 2013

Il s'agit en tout premier lieu de déterminer s'il existe ou non un conflit de lois dans le temps. Conformément à l'article 1er du Code civil, une loi entre en vigueur à la date qu'ils fixent ou, faute de cette mention expresse, le lendemain de leur publication. D'après les faits, et en l'absence de précision autre, la loi a été publiée au JO le 1er juin. Elle est donc entrée en vigueur le 2 juin 2013. Est-elle applicable au bail ?

Le congé de six mois donné le 1er décembre 2013 a pris fin le 1er juin 2013, soit avant l'entrée en vigueur de la loi nouvelle. L'article 2 du Code civil interdit à la loi, en l'occurrence la loi du 1er juin 2014, d'avoir un quelconque effet sur une situation juridique entièrement réalisée avant son entrée en vigueur. C'est la simple application du principe de non-rétroactivité des lois. La situation juridique, c'est-à-dire le contrat de bail, est née et s'est éteinte sous l'empire de la loi ancienne, le locataire ne peut prétendre au bénéfice des dispositions, quand bien même lui seraient-elles plus favorables, de la loi nouvelle.

Il ne pourrait jouir de celle-ci que si elle était rétroactive. Or ce n'est qu'exceptionnellement qu'une loi civile peut avoir ce caractère : soit que le législateur l'ait déclarée expressément rétroactive, soit qu'il s'agisse d'une loi de procédure, d'une loi confirmative ou rectificative d'erreur matérielle (*erratum*), ou d'une loi interprétative. La lecture des faits ne permet de conclure à aucune de ces qualifications. Rien n'indique qu'il s'agisse d'une loi à laquelle le législateur a voulu donner un effet rétroactif. Le fait que la loi de 2014 vienne modifier et compléter celle de 1986 ne suffit pas à conclure qu'il s'agisse d'une loi interprétative. Une telle loi a pour but de fixer le sens d'une loi antérieure, de l'expliquer. Cela justifie qu'elle fasse corps avec la loi antérieure qu'elle interprète. Elle est censée être entrée en vigueur avec celle-ci, elle n'est pas véritablement une loi nouvelle. Mais pour éviter que sous couvert d'interprétation d'une loi ancienne, de nouvelles lois aient un effet rétroactif, la Cour de cassation opère un contrôle de la qualification et ne l'admet que de façon restrictive. Elle considère qu'« une loi ne peut être considérée comme interprétative qu'autant qu'elle se borne à reconnaître, sans rien innover, un droit préexistant qu'une définition imparfaite a rendu susceptible de controverse ». En l'espèce, la nouvelle loi ne se contente pas d'interpréter l'ancienne puisqu'elle en modifie et en complète plusieurs articles. Elle n'est donc ni interprétative, ni rétroactive. Le locataire de M. Lambert reste soumis à l'application de la loi de 1986 et ne peuvent espérer une rétroactivité de la loi de 2014.

2) 2e cas : congé signifié le 3 décembre 2013

Si le préavis état donné le 3 décembre, par application de la loi en vigueur à ce moment, il devrait être de six mois et expirer le 3 juin. Or il a été démontré que la loi allongeant la durée de préavis est entrée en vigueur le 2 juin 2014. La loi nouvelle était donc en vigueur alors que le contrat de bail était toujours en cours. Il y a bien un conflit de lois dans le temps.

Le principe de l'article 2 du Code civil s'applique à nouveau. La loi nouvelle ne peut rétroagir, elle a vocation à s'appliquer immédiatement. Il existe toutefois une exception en matière contractuelle. Le contrat reposant sur la volonté des parties, il ne faut pas le modifier, ni dans sa constitution, ni dans ses effets passés ou futurs. Les parties ont contracté en prévision des effets futurs du contrat, la loi ne doit pas les modifier. Ainsi, le principe dérogatoire en matière contractuelle est-il celui de la survie de la loi ancienne qui, bien qu'une nouvelle loi entre vigueur, continue de régir non seulement les effets passés (principe de non-rétroactivité) mais aussi les effets futurs de l'acte. Par application de ce principe, la loi de 1986 continue de régir les modalités du congé, nonobstant l'entrée en vigueur de la loi publiée le 1er juin 2014.

Il en serait différemment si la loi nouvelle était une loi d'ordre public.

En effet, si la loi est qualifiée d'ordre public elle doit s'appliquer immédiatement à tous les contrats y compris ceux qui sont en cours. La prévision des parties doit céder devant la sauvegarde d'intérêts supérieurs. Ainsi des lois intervenant dans le domaine de la santé, des avantages sociaux des salariés ou des baux sont en principe impératives et s'appliquent, dans un souci d'égalité de tous et d'uniformité de la loi à tous les contrats. Par application de la jurisprudence antérieure relative aux lois sur les baux et parce qu'elle offre de nouvelles garanties aux locataires, la loi nouvelle devrait être considérée comme d'ordre public. À ce titre elle s'applique immédiatement et bénéficie de Grégoire. Le congé donné le 3 décembre serait donc de neuf mois et non seulement de six comme prévu sous l'empire de l'ancienne loi.

3 • LE CONFLIT DE NORMES

Si un règlement était adopté avant la fin du préavis interdisant de résilier le bail d'un étudiant avant le 30 octobre, la question serait de savoir dans quelle mesure elle trouverait à s'appliquer au bail de Grégoire.

Le règlement européen est un acte normatif adopté par les institutions européennes. Il s'agit, selon l'article 288 du Traité sur le fonctionnement de l'Union européenne (TFUE), d'une norme de portée générale, obligatoire en tous ses éléments et directement applicable dans tous les États membres. Contrairement aux directives, il s'applique dans l'ordre juridique français sans le relais des autorités législatives nationales. Il entre en vigueur à la date qu'il fixe ou vingt jours après sa publication.

Si le règlement est adopté et entre vigueur avant l'échéance du préavis donné à Grégoire, celui-ci pourra-t-il s'en prévaloir ? Il faut déterminer quelle norme l'emporte : la loi ou le règlement ? Il ne s'agit plus d'un conflit de lois dans le temps mais d'un conflit de normes. La réponse dépend de la hiérarchie des normes.

Le principe de la primauté du droit de l'Union européenne sur le droit national a très tôt été consacré par la jurisprudence de la Cour de justice (CJCE, 15 juillet 1964, Costa/ENEL). Les normes communautaires sont supérieures aux lois et règlements internes. Le principe de primauté vaut pour toutes les dispositions du droit originaire comme du droit dérivé. Ainsi, une loi interne ne peut contredire un règlement. Même sans abrogation formelle de la loi, Grégoire bénéficiera des dispositions du règlement qui empêche son propriétaire de résilier son bail avant le 30 octobre.

Sujet 8 : Débat oral

La jurisprudence est-elle une source de droit ?

L'exercice du débat oral est peu utilisé. Pourtant, il présente l'avantage d'adapter la technique de la dissertation à une prestation orale. Passer à l'oral est un entraînement important car souvent au cours de leurs études, les étudiants devront passer des épreuves orales. Au-delà, lorsqu'ils cherchent un stage ou un emploi saisonnier, ils doivent se présenter à l'oral. L'exercice ici proposé est donc utile.

Le débat qui est proposé aux étudiants les oblige à réfléchir sur la notion de jurisprudence en mettant en évidence les éléments susceptibles de nourrir le débat sur la qualification de la jurisprudence. Est-ce qu'elle est une source de droit ou non ?

Pour préparer le débat, il faut réunir toutes les connaissances relatives au thème de ce dernier. Il faut donc rédiger des fiches reprenant les connaissances indispensables au débat. Elles ne sont pas détaillées sur les fiches qui servent de soutien au débat oral ; il faut donc les rappeler dans une phase préparatoire du débat.

Il n'est pas nécessaire de rédiger entièrement les notes qui vont servir de support à l'exposé. Des fiches contenant un plan détaillé et les arguments clefs sont même recommandées car les étudiants ne seront pas tentés de lire leur travail ce qui rendra leur présentation orale plus vivante. Cependant, il faut préparer la prise de parole en défendant chacune des positions.

Par conséquent, il faut avoir une fiche explicite qui regroupe tous les arguments contre la jurisprudence source de droit et une autre qui reprend les arguments pour la jurisprudence source de droit. Enfin une troisième fiche pourrait tenter de réaliser la synthèse. En préparant ainsi la séance, l'étudiant est capable d'argumenter dans le deux sens et surtout avec la fiche de synthèse, il est capable de réfléchir et de dépasser la contradiction apparente.

La fiche relative aux arguments contre la jurisprudence comme source du droit, doit reprendre les articles du Code civil et le fait qu'une décision reste prisonnière de l'autorité **relative** *de la chose jugée.*

L'autre fiche doit développer les arguments pour la jurisprudence source de droit, elle souligne l'importance du précédent, la nécessité d'adapter la loi aux litiges, la nécessité de combler les lacunes de la loi volontaire ou non, la complémentarité de la loi et des décisions judiciaires en présence de notions imprécises comme « bon père de famille », « l'intérêt de la famille ». Elle doit souligner l'importance des revirements de jurisprudence.

La fiche de synthèse doit servir de conclusion et doit être envisagée, tout comme une fiche d'introduction mettant en évidence les enjeux du débat.

Il y a un piège qu'il convient d'éviter. Les arrêts ne sont cités que pour permettre d'illustrer la question posée. Ils ne doivent donc être étudiés que dans cette perspective et il ne faut pas entrer dans le détail de leur contenu.

Si les étudiants ont vraiment le temps de préparer leur débat oral, ils peuvent envisager un dialogue entre ceux qui défendent la position favorable à la jurisprudence comme source de droit et ceux qui estiment qu'elle ne peut pas être une source de droit. L'échange des arguments au coup par coup évite un monologue développant chaque thèse et permet de faire un débat plus animé et permet de laisser l'auditoire se faire sa propre opinion.

1 • PHASE PRÉPARATOIRE – FICHES DE CONNAISSANCE

- *Fiche préparatoire n° 1 – La définition de la jurisprudence*

Dans le sens le plus ancien la jurisprudence est la science du droit. La jurisprudence peut être comprise comme la science juridique pratique (Vocabulaire fondamental du droit, 1990, Dalloz, p. 191).

Nombreuses sont les définitions fournies par la doctrine, toutes font référence aux jugements, arrêts. En 1939, J. Bonnecase écrivait dans son introduction à l'étude du droit : « On désigne par jurisprudence, en opposant ce terme à la doctrine et à la pratique extra-judiciaire, l'état actuel du droit, tel qu'il est reflété par l'ensemble des solutions qui, dans une matière donnée, se trouvent consacrées par les décisions des tribunaux. » (J. Bonnecase, *Introduction à l'étude du droit*, 1939, n° 113, p. 152.).

Au sens étroit, la jurisprudence est « l'ensemble des décisions de justice rendues pendant une certaine période soit dans une matière (jurisprudence immobilière), soit dans une branche du droit (jurisprudence civile, fiscale), soit dans l'ensemble du droit » (Vocabulaire juridique, Assoc. Capitant, V° Jurisprudence, 1).

- *Fiche préparatoire n° 2 – Les éléments du débat*

Les textes relatifs à la jurisprudence (art. 4, art. 5, art. 1351 du Code civil) nourrissent le débat, mais ne le résument pas. Une claire appréhension des notions en présence est indispensable pour comprendre le débat. La notion de source du droit doit d'être approfondie. Une approche keynésienne implique de distinguer entre la source **de** droit et la source **du** droit.

Pour déterminer si la jurisprudence est source **de** droit, il convient d'établir si elle joue un rôle dans la formation du droit, si elle modifie l'ordonnancement juridique. Dans une telle hypothèse, il est inutile de résoudre la question de savoir si la jurisprudence peut donner naissance à des règles générales, impersonnelles.

Savoir si la jurisprudence peut être qualifiée de source **du** droit implique, au contraire, de répondre à cette interrogation. Il convient alors de déterminer sa capacité à générer des normes juridiques générales au-delà de normes individuelles.

La notion de source **de** droit est assez large pour englober la jurisprudence et gommer les éléments du débat. Plus classiquement, la notion de source **du** droit est comprise comme visant les sources du droit objectif, c'est-à-dire les sources des règles de droit. Le problème est alors posé dans toute son acuité : le juge dit le droit, mais le mot droit n'est pas compris au sens normatif du terme. Il signifie que le juge tranche un litige en application de la règle de droit « en affirmant une valeur qui en l'espèce est la justice » (F. Zenati, La jurisprudence, Dalloz, Méthodes du droit, 1991, préc. p. 132). La jurisprudence ne peut pas être considérée comme une source matérielle dans la mesure où elle ne crée pas les règles qu'elle met en œuvre, elle n'est pas une source formelle pour ne pas être caractérisée par une forme spécifique. Trop originale, la jurisprudence ne se glisse pas facilement dans les canons des sources du droit. Cependant, la notion de droit positif a suffisamment évolué pour comprendre le droit tel qu'il est pratiqué, le droit tel qu'il est perçu.

2 • LES FICHES DU DÉBAT ORAL

En l'espèce, cette rédaction correspond à l'élaboration de quatre fiches :

- la première pour servir l'introduction du débat ;
- la deuxième comportant et développant les arguments contre ;
- la troisième comportant et développant les arguments pour ;
- la quatrième une fiche de synthèse en guise de conclusion.

- Fiche d'introduction : la problématique

Toute réflexion menée sur la jurisprudence pose la question essentielle de sa nature : est-ce une source du droit ? Toutefois le débat ne peut être mené sans une appréhension claire de la notion même de jurisprudence et de celle de source de droit. Or l'étude de ces notions montre que le débat semble insoluble si l'on se place sur le terrain des sources formelles du droit tandis que la reconnaissance de la jurisprudence comme source de droit paraît s'imposer si l'on se place dans la perspective des sources matérielles du droit (M. Deguergue, *La jurisprudence, Droits 2001-34,* « Mots de la justice », p. 93.). L'originalité de la jurisprudence lui interdit d'être une source de droit comme une autre et pourtant elle est une force créatrice du droit.

- Fiche des arguments contre : Les limites de la jurisprudence comme source du droit

La jurisprudence ne peut pas être une source du droit car elle ne peut pas quitter le particulier pour se hisser jusqu'au général. Si on veut lui attribuer la faculté de dépasser le particulier pour affirmer des règles générales obligatoires, on est obligé de reconnaître que cette faculté est enserrée dans les limites du procès.

Pour intervenir, le juge, quel qu'il soit, doit être saisi. L'auto-saisine lui a toujours été refusée car elle est le symbole du passage vers un gouvernement des juges. La Cour de cassation dépend du jeu des recours pour être saisie comme toute juridiction. Elle ne peut prétendre statuer que dans la mesure du pourvoi ; en d'autres termes, elle ne peut statuer que sur les points de droit qui lui sont soumis par les parties.

En outre, le formalisme entourant les arrêts de principe ne peut pas dépasser l'interdiction des arrêts de règlement. La Cour de cassation elle-même veille au respect de l'article 5 du Code civil. Les recommandations formulées par la Cour de cassation dans son rapport annuel au législateur expriment la même logique : la jurisprudence n'est pas la loi et ne remplace ni ne s'assimile à la loi. Au demeurant, l'idée de reconnaître la qualité de source de droit à la jurisprudence en l'incorporant à la loi qu'elle interprète, est dépassée.

À la différence de la loi, l'autorité relative de la jurisprudence l'enferme dans le casuel pour les décisions des juges du fond comme celles de la Cour de cassation. Voir l'article 1351 du Code civil, préc.

L'article 5 du Code civil et l'article 1351 du Code civil interdisent les arrêts de règlement. Le juge intervient inévitablement sur les faits relatifs à un cas d'espèce. Par conséquent, il statue sur des faits antérieurs à sa décision, c'est par une interprétation créatrice qu'il fait apparaître la règle applicable. Cette dernière s'applique rétroactivement. Un parallèle pourrait être fait avec les lois interprétatives, en apportant la solution, le juge révèle toutes les richesses des textes visés. Une étude plus attentive du phénomène permet de convenir que l'effet de la jurisprudence est en réalité déclaratif car la règle interprétée est censée n'avoir jamais eu une autre signification que celle révélée par l'arrêt. La technique de la révélation utilisée par la jurisprudence est souvent dénoncée comme un handicap porteur de défauts majeurs : l'instabilité, l'insécurité, voire la violence selon certains.

Ces critiques sont particulièrement judicieuses dans l'hypothèse, toujours possible, d'un revirement de jurisprudence. Le droit antérieur est alors rétroactivement remis en cause par une nouvelle décision. Les conséquences pour les justiciables sont graves et souvent vécues comme une profonde injustice.

Exemples :

Ainsi, le revirement de jurisprudence de la Cour de cassation du 7 octobre 1998 en ce qui concerne l'étendue de l'obligation d'information des médecins envers leurs malades entraîne de lourdes conséquences par son effet déclaratif. Un médecin se trouve condamné sur le fondement d'une obligation d'information étendue par une décision de la première chambre civile de la Cour de cassation pour des faits, un accouchement difficile, en date de 1974. La Cour de cassation casse les décisions des juges du fond qui avaient refusé de donner un effet rétroactif à la jurisprudence de 1998 en rappelant « l'interprétation jurisprudentielle d'une même norme à un moment donné peut être différente selon l'époque des faits considérés et nul ne peut se prévaloir d'un droit acquis à une jurisprudence figée ».

De même, le revirement relatif à la détermination du prix, Ass. plén., 1er décembre 1995, (Bull. civ. I, n° 9 ; Bull. C. cass. 15 janvier 1995, p. 10, concl. Jeol, note Fossereau) a changé les modalités de détermination du prix dans les contrats, mais pour quels contrats ? C'est une des incertitudes majeures de ce revirement de jurisprudence. La jurisprudence est intervenue en matière de contrats de distribution, de fourniture, de franchise pour n'en citer que quelques-uns. Cependant, il semble que d'autres contrats échappent au revirement, notamment les contrats de vente qui restent soumis aux dispositions de l'article 1591 du Code civil.

Ces deux exemples montrent que la jurisprudence, casuelle par nature, ne peut pas être une source de droit car elle n'est pas en mesure de donner des solutions générales et définitives.

- La jurisprudence n'est pas une source de droit car elle doit toujours faire référence à la loi et elle cède devant une loi qui la combat.

La jurisprudence doit faire référence à des textes législatifs. La question s'est posée dans l'arrêt de l'Assemblée plénière de 1991 relatif à la condamnation des contrats de mères porteuses. Une partie de la doctrine s'est interrogée sur la pertinence de la référence à l'article 1128 du Code civil. Cet article fait référence aux choses qui sont hors commerce. Or, la Cour de cassation vise également dans sa décision l'indisponibilité des personnes. "Indisponibilité" et "choses hors commerce" ne signifient pas la même chose. L'indisponibilité des personnes et du corps humain est un principe général du droit qui n'était pas clairement visé par un texte en 1991. Il n'est pas certain que les lois bioéthiques de 1994 aient changé le statut de ce principe. La Cour de cassation s'est livrée à une interprétation extensive, similaire à celle de l'arrêt relatif à la détermination du prix, en passant « de la non-commercialité de la chose objet du droit réel à l'illicéité de l'objet de l'obligation pour redescendre à l'illicéité de l'objet de la prestation ». Le fondement est donc critiqué pour être fragile alors que les lois bioéthiques sont venues conforter la décision de la Cour de cassation.

Une critique similaire a été adressée à l'arrêt Perruche ; elle est plus grave car la loi du 4 mars 2002 est venue « casser » la jurisprudence de la Cour de cassation montrant la faiblesse de la jurisprudence face à une véritable source du droit : la loi. On a pu constater que tous les éléments de la responsabilité civile étaient réunis : la faute, le lien de causalité (de manière plus discutable), le préjudice (la question étant de savoir s'il était réparable). Pourtant et surtout en raison de la nature du préjudice, les critiques n'ont pas manqué. Pourtant, la Cour de cassation n'a pas statué en équité ce qui est contraire à l'article 604 du CPC : « le pourvoi en cassation tend à faire censurer par la Cour de cassation la non-conformité du jugement qu'il attaque aux règles de droit. » La Cour de cassation a admis qu'elle n'est pas gardienne de l'équité, « elle ne prend en considération la violation d'un principe ou d'une maxime que si ces derniers sont explicitement ou implicitement consacrés par la loi ». Fondé en droit ou pas, l'arrêt Perruche est l'exemple de la faiblesse de la jurisprudence face à la loi. La loi du 4 mars 2002 condamne la jurisprudence et s'applique immédiatement aux affaires en cours qui ne sont pas encore investies de l'autorité de chose jugée. L'affaire Perruche et celles qui l'ont suivi sont des arrêts sans lendemain. Elles illustrent l'impossibilité pour la jurisprudence d'être une source du droit.

- Transition vers la fiche des arguments pour :

Toutefois, la loi elle-même est soumise aux droits fondamentaux et à la jurisprudence de la Cour européenne des droits de l'homme qui en assure le respect. Ainsi la France a été condamnée à la suite de la loi du 4 mars 2002 par la Cour européenne des droits de l'homme, le 6 octobre 2005 (Cour européenne des droits de l'homme, 6 octobre 2005, 4717 6.10.2005 Draon c./v. France [GC], no/no. 1513/03, www.echr.coe.int). Reprenant sa jurisprudence antérieure, la Cour européenne se fonde sur la notion « d'espérance légitime » : la loi ne peut pas priver les justiciables d'une créance de réparation reposant sur une base suffisante en droit interne. Cette décision a permis à la Cour de cassation (Civ. 1re, 24 janvier 2006, 3 arrêts, et 21 février 2006) et au Conseil d'État (CE, 24 février 2006), de paralyser l'application du texte législatif en estimant qu'il ne pouvait pas s'appliquer aux litiges concernés car il prive les victimes d'une créance en réparation qu'elles pouvaient légitimement espérer. Cette affaire marque une étape remarquable dans l'affrontement loi- jurisprudence. On voit pointer l'affirmation de l'autorité de la jurisprudence qui se pose comme un obstacle à une intervention législative excessive. Cette intervention n'est acceptée que dans la mesure où elle est justifiée par d'impérieux motifs d'intérêt général. Par conséquent, les litiges nés entre la formation de la jurisprudence et l'entrée en vigueur de la loi *anti-Perruche* de 2002 sont restés soumis à la décision de l'autorité judiciaire.

3 • FICHE DES ARGUMENTS POUR LA JURISPRUDENCE COMME SOURCE DE OU DU DROIT

Du particulier au général. Il faut envisager la possibilité d'envisager la jurisprudence comme source **du** droit c'est-à-dire comme étant capable de générer des normes juridiques générales, impersonnelles dépassant les normes individuelles. L'idée que la jurisprudence est une source **de** droit est plus facile à admettre car il est indéniable qu'elle influence l'ordonnance juridique en assurant le passage du général au particulier, en garantissant l'application de la loi au justiciable. Mais le débat n'est pas clos : la jurisprudence peut-elle être envisagée comme une source **du** droit ?

Le critère pour accepter de la qualifier de source **du** droit est celui de sa capacité à quitter la gangue du particularisme pour affirmer son pouvoir créateur de normes générales. En d'autres termes, le critère est celui du passage du particulier au général. Les éléments permettant d'apprécier cette capacité sont nombreux. Le plus important de tous est la motivation nécessaire des décisions. La dissociation entre le fait et le droit devant la Cour de cassation en est un autre. Le formalisme juridictionnel participe à l'appréciation du critère avec les règles de procédure, notamment l'article 12 du CPC.

La motivation est sans doute la clef de la reconnaissance de la jurisprudence en tant que source du droit. Par cette dernière, le juge non seulement vise la règle de droit applicable au litige qui lui est soumis, mais surtout il introduit une règle générale parfois inexistante pour justifier sa décision lorsque la loi est contradictoire ou lacunaire. Dans cette hypothèse d'interprétation créatrice, le juge supplée les lacunes législatives en ciselant la règle générale qui manque. La puissance créatrice de normes générales est renforcée devant la Cour de cassation. En effet, cette dernière juge en droit et pas en fait. Par nature, la juridiction civile supérieure se détache du casuel pour aborder le seul droit : « casser n'est pas juger » (F. Zenati, préc. p. 186). La motivation est rendue obligatoire par l'article 455 NCPC qui énonce : « Le jugement doit exposer succinctement les prétentions respectives des parties et leurs moyens ; il doit être motivé. ». L'obligation de motiver n'est pas seulement le fait du Code de procédure français, elle est relayée par l'article 6 § 1 de la Convention européenne des droits de l'Homme telle qu'interprété par la Cour de Strasbourg. Le juge doit donc viser la règle de droit dont il assure l'application au cas particulier. Par conséquent, il doit dévoiler les étapes de son raisonnement, ainsi il formule en termes généraux, la décision qu'il est tenu de rendre à titre particulier. Naturellement, il vient sous la plume du juge des formules générales qui tendent à démontrer que dans l'hypothèse posée par les faits qui lui sont soumis, la solution, non arbitraire, serait toujours la même. Ainsi, à l'origine, l'obligation de motiver entendait lutter contre le risque d'arbitraire et permettre la Cour de cassation d'exercer son contrôle sur les décisions des juges du fond. Ce rôle est toujours d'actualité, cependant la motivation, en expliquant la manière dont le droit est appliqué, transforme la décision de principe en règle générale ayant force obligatoire. La motivation est donc la mystérieuse alchimie qui permet à la jurisprudence de se transformer en norme générale obligatoire alors que la décision rendue reste marquée par le principe de l'autorité relative de la chose juge. Elle marque le passage du fait au droit. La preuve évidente de la mutation opérée par cette étrange alchimie réside dans l'absence de jurisprudence des Cours d'assises. Une constatation s'impose car ces dernières n'étaient pas tenues par l'obligation de motiver leur décision. Cette obligation est imposée par la loi du 10 août 2011, entrée en vigueur le 1er janvier 2012 qui prévoit que « le président ou l'un des magistrats assesseurs rédige la motivation de l'arrêt ». Une jurisprudence des Cours d'assises devient envisageable.

L'alchimie réalisée par la motivation est particulièrement efficace dans le cadre des arrêts de la Cour de cassation qui, par définition statue, en droit : les arrêts de principe sont indubitablement des « précédents » destinés aux juges du fond. Par leur forme, ces décisions se rapprochent du modèle législatif car ils sont rédigés de façon claire, précise et concise. Les plus significatifs restent les arrêts de cassation pour violation de la loi lorsque la Cour de cassation vise un texte et pose un principe général dans « chapeau ». Progressivement, la Cour de cassation pose un principe jurisprudentiel général qui est autonome du texte visé comme par simple formalité. Les arrêts de cassation pour manque de base légale sont moins exemplaires mais par un effet de répétition, ils autorisent la Cour à introduire de manière plus discrète un principe de droit. Les arrêts de rejet restent les moins significatifs car ils se caractérisent par l'absence de visa des textes et par l'absence d'attendu de principe en tête de la décision. Pourtant, ils peuvent aussi constituer des arrêts de principe dans la mesure où la question posée à la Cour de cassation présente un intérêt général, la Haute juridiction tranche alors en apportant une solution exemplaire. Cette analyse se vérifie d'autant plus qu'il y a substitution de motifs. Il est possible d'évoquer une décision de « portée normative ». L'approbation de la position des juges du fond peut être renforcée par les termes « à bon droit », « à juste titre » ce qui confère une valeur particulière à l'arrêt. Ces conditions doivent être vérifiées pour que les arrêts puissent être créateurs de jurisprudence, *a contrario*, les autres décisions n'ont pas valeur de précédent.

La motivation permet tout à la fois de préciser la base légale appropriée, d'expliquer le raisonnement qui accompagne la mise en œuvre de la règle visée et de légitimer la décision rendue. L'explication pousse parfois fort loin l'interprétation du texte ; elle justifie parfois le recours à un principe général, une coutume voir dans certains cas la référence à une jurisprudence assimilée au sens matériel du terme à la loi. En soi, la motivation favorise le passage du particulier au général en entendant lutter contre le risque d'arbitraire dans les décisions de justice. Le constat est plus net encore en ce qui concerne les arrêts de la Cour de cassation : « La jurisprudence de cassation a un caractère normatif prononcé. En isolant le fait du droit, elle accrédite que le droit ne vient pas du procès mais d'une entité supérieure au juge qui s'y soumet » (F. Zenati, *La jurisprudence*, Dalloz, Coll. Méthodes du droit, 1991, p. 180.).

La motivation est le facteur déterminant de la reconnaissance de la jurisprudence comme source de droit.

Le formalisme : les décisions rendues par la Cour de cassation s'apparentent d'autant plus à la norme législative que la solution du litige ne dépend pas directement d'elles. La remarque vaut d'autant plus pour les arrêts de principe, les arrêts rendus en chambre mixte ou en Assemblée plénière. Ainsi le formalisme apporte sa pierre à l'édifice. Certes, les juges du fond ne sont pas tenus, dans un premier temps, de se plier à une décision de cassation. Toutefois, la formation plénière ou mixte qui rend la décision renforce le caractère législatif de la décision de la Cour de cassation. L'article 12 du CPC favorise le passage du particulier au général en précisant que le juge tranche le litige conformément aux règles de droit qui lui sont applicables. Le caractère normatif de la jurisprudence s'en trouve renforcé d'autant.

Le syllogisme juridique qui caractérise les arrêts de la Cour de cassation participe également au passage du particulier au général. Le visa et un attendu de principe en début de décision permet de signaler les arrêts de principe et l'articulation du visa et du chapeau soulignent la distinction entre la règle de droit et les faits de l'espèce qui échappent à la Cour de cassation. La structure des arrêts de la Cour de cassation n'est pas innocente et autant que la décision de leur publication et de leur présence au rapport annuel de la Cour, elle participe à l'émergence de décisions normatives.

- ***De l'autorité relative à la force obligatoire***

L'autorité de la chose jugée n'est pas discutée. La décision de justice s'impose au justiciable ; à son égard, elle a force obligatoire. La question est ici de déterminer si la jurisprudence est susceptible d'avoir une force obligatoire générale, c'est-à-dire opposable à l'ensemble de la société. L'interdiction des arrêts de règlement semble être un obstacle rédhibitoire à la reconnaissance d'une telle force obligatoire. Pourtant la jurisprudence constante s'impose aux justiciables dans la mesure où l'interprétation judiciaire est assimilée à la loi interprétée. Elle est reçue au moins implicitement par le législateur tant qu'il ne la brise pas par le vote d'une loi. Il est remarquable de souligner que l'intervention de la loi est indispensable pour briser une jurisprudence, une telle constatation semble consacrer la jurisprudence comme source du droit. Elle est reçue expressément lorsqu'elle est consacrée par le vote d'une loi. Le législateur en 1994, dès le vote des premières lois bioéthique, est venu consacrer l'interdiction de la pratique des mères porteuses par l'Assemblée plénière de la Cour de cassation le 31 mai 1991 (Ass. plén., 31 mai 1991). La force obligatoire de la jurisprudence se vérifie par le fait que la question une fois tranchée ne se plaide plus et la solution paraît acquise. Cette réception est l'expression de l'autorité associée au pouvoir juridictionnel. Il n'est pas besoin, comme dans le cas de la coutume, de l'assentiment des justiciables. En outre, la jurisprudence de la Cour de cassation comme celle des cours internationales telle la Cour européenne des droits de l'Homme ou la Cour de justice des communautés européennes servent de référence dans le cadre de la motivation des arrêts, or la motivation ne doit viser que des règles de droit. La jurisprudence pour être diffuse n'en est pas moins une source du droit.

Le législateur lui-même semble participer à la reconnaissance de la jurisprudence comme source du droit. La loi du 15 mai 1991 (Loi n° 91-491 du 15 mai 1991) qui institue la saisine pour avis de la Cour de cassation en est la meilleure preuve. Saisie pour avis sur une « question de droit nouvelle, présentant une difficulté sérieuse et se posant dans de nombreux litiges », la Cour de cassation n'est plus liée à la logique du procès, elle est directement associée à l'œuvre législative. Une fois encore la contradiction n'est pas loin car la loi précise que la juridiction qui a formé la demande n'est pas liée par l'avis de la Cour de cassation mais l'avis est nécessairement communiqué aux parties ; le procès n'est pas loin. La force obligatoire est l'autre critère clef pour apprécier le statut de la loi.

- ***L'interprétation créatrice : elle est particulièrement importante en cas de lacune de la loi (volontaire ou non) ou en cas d'incertitude de la loi***

Les lacunes de la loi

Les lacunes législatives peuvent être volontaires ou involontaires. Dans le premier cas, le législateur sait les dispositions de la loi insuffisantes, mais par une sorte de délégation de pouvoir, il laisse le soin au juge de la compléter. La reconnaissance de lacunes involontaires est choquante pour qui affirme la plénitude de l'ordre juridique, elle correspond pourtant à une réalité reconnue par les rédacteurs mêmes du Code civil. Face au silence de la loi, le juge ne peut refuser de juger, il semble alors disposer d'une large autonomie qui confère une indéniable force créatrice à la jurisprudence. Pourtant, d'aucuns même dans de telles circonstances, considèrent que le juge interprète sans créer pour dénier à la jurisprudence la qualité de source de droit. Selon eux, l'autorité relative de la chose jugée empêche le juge de suppléer le législateur. Pourtant, dans le silence de la loi, il semble bien que la jurisprudence en complétant la loi fasse œuvre de création.

Les lacunes volontaires sont l'expression d'une politique législative. En employant des expressions générales au contenu indéterminé, le législateur choisit de laisser au juge des espaces vides à remplir. Les exemples sont nombreux et connus : les bonnes mœurs, l'ordre public, le bon père de famille, la faute, l'urgence, l'équité, la bonne foi, l'intérêt de la famille, l'intérêt de l'enfant. Le caractère vague de ces expressions incite la jurisprudence à ne plus seulement interpréter, mais réellement de faire le droit. Un exemple caractéristique est celui de l'intérêt de la famille. Cette notion doit être prise en considération par le juge à qui est adressée une demande de changement de régime matrimonial des époux en cas d'opposition à ce changement ou en présence d'enfants mineurs (art. 1397 Cciv.). Le silence du législateur laisse la place à l'interprétation. L'intérêt de la famille vise-t-il le seul intérêt des époux ou, uniquement, celui des enfants ? Les solutions sont très différentes selon l'option retenue. La Cour de cassation se devait de donner le « la » afin d'assurer la cohérence de la législation ; elle l'a fait en préférant une appréciation d'ensemble de l'intérêt de la famille (Civ. 1re, 6 janvier 1976). Si la Cour de cassation laisse la place à une libre appréciation aux juges du fond, il n'en demeure pas moins qu'elle contrôle la règle afin d'assurer la cohérence de la loi, ainsi elle remplit, sur délégation, la fonction du législateur.

Une telle délégation ne se retrouve pas dans l'hypothèse des lacunes involontaires de la loi.

Les lacunes involontaires ne peuvent pas se prévaloir d'une coopération entre la loi et la jurisprudence. Ces lacunes sont souvent le fait du retard de la loi à s'adapter aux progrès scientifiques, techniques ou aux changements sociaux. Par suite, la jurisprudence ouvre alors le chemin à l'intervention du législateur. Les exemples se succèdent dans l'histoire. Les plus récents concernent l'interdiction des mères-porteuses (Cass. 1re civ., 19 mars 2014, FS-P+B+I, n° 13-50.005) et l'indemnisation des enfants nés handicapés.

En ce qui concerne les enfants nés handicapés, la Cour de cassation par la jurisprudence « Perruche » accepte pour la première fois l'indemnisation d'un enfant né anormal après une erreur médicale. Les parents avaient déjà été indemnisés. L'enfant demande réparation pour être né handicapé à la suite de cette erreur médicale. La Cour de cassation en reconnaissant un droit à réparation à l'enfant provoque le législateur comme elle l'avait déjà fait autrefois. L'exemple le plus couramment cité est celui de l'arrêt Desmares qui a donné lieu à la réaction du législateur par la loi de 1985 relative aux accidents de la route. Ce principe d'indemnisation est cassé par l'intervention du législateur dans la loi sur le droit des malades dont l'article 1er énonce ; « Nul ne peut se prévaloir d'un préjudice du seul fait de sa naissance ». Les rédacteurs du Code civil eux-mêmes suggéraient que la loi, générale par nature, ne peut pas tout prévoir, il revient alors au juge d'en combler les lacunes.

Pour ce qui est de l'interdiction de la reconnaissance des gestations pour autrui passées à l'étranger, on voit combien la jurisprudence comble les lacunes du silence de la loi car le droit s'élabore au gré de l'intervention des arrêts. Encore au mois de mars 2014, la Cour de cassation française refuse de donner effet en France aux conventions de gestation pour autrui régulièrement passées à l'étranger ; trois mois plus tard un arrêt de la CEDH du 26 juin 2014 vient contrer la jurisprudence française et en condamnant la France qui, par sa jurisprudence refuse d'établir la filiation des enfants nés par gestation pour autrui à l'étranger. L'intervention d'une jurisprudence supérieure pour casser celle de la Cour de cassation montre que la jurisprudence est bien créatrice de droit.

Le droit international privé est une des branches du droit où les silences de la loi laissent une large place au pouvoir créateur du juge. Ainsi, pour ne prendre qu'un exemple parmi tant d'autres ; aucun texte ne donne une règle en matière de compétence indirecte permettant de vérifier la compétence du juge étranger qui a statué sur un rapport de droit international. Le juge reprenant des études doctrinales a donc élaboré de toutes pièces cette règle. Plus récemment, la jurisprudence a redéfini l'ensemble des conditions relatives à la procédure jurisprudentielle de l'exequatur (Civ. 1re, 23 mai 2006, arrêt Prieur ; Civ. 1re, 20 février 2007, arrêt Cornelissen).

Il reste une difficulté : celle de déterminer s'il y a une véritable lacune ou si le silence législatif ne résulte pas d'une nouvelle appréciation de l'équité qui conduit à refuser la mise en œuvre d'une solution perçue comme inadaptée. À la discussion portant sur la réalité des lacunes involontaires de la loi s'ajoute celle relative à l'existence d'une présomption de délégation de la fonction législative au juge. Les partisans d'une analyse restrictive du rôle de la jurisprudence, qui ne voient en elle qu'une autorité et pas une source de droit, s'appuient sur ces arguments pour minimiser le concours qui s'engage entre la loi et la jurisprudence lorsque, dans le silence de la loi, le juge prend une décision qui fait jurisprudence. Pourtant ce concours qui suggère l'égalité entre la loi et la jurisprudence est révélé par le fait que, pour s'opposer à une jurisprudence, le législateur, fort de son pouvoir législatif, est dans l'obligation d'intervenir pour la combattre. L'affaire « Perruche » est un des exemples les plus pertinents en la matière. L'article 1er de la loi du 4 mars 2002 a été ajouté pour contrer la jurisprudence provocatrice de la Cour de cassation. La jurisprudence de la Cour européenne des droits de l'homme, par la décision du 6 octobre 2005, a limité l'application de la loi du 4 mars 2002 dans le temps lui déniant toute rétroactivité. La confrontation de la loi et de la jurisprudence ne souligne pas toujours la supériorité de la loi sur la jurisprudence. La nécessité d'une intervention du législateur pour contrer une jurisprudence désavouée s'explique par le fait que cette dernière fait corps avec la règle qu'elle interprète et que, s'identifiant en quelque sorte à cette dernière, elle en emprunte la nature. Cette identification connaît des limites. La loi reste, seule, l'expression de la volonté générale, le juge n'exprime jamais que la volonté du pouvoir judiciaire. Comme le souligne le Professeur Malaurie : « les tribunaux sont des redresseurs de torts, et non des lois » (Ph. Malaurie, *La jurisprudence combattue par la loi*, Mélanges Savatier, 1964, p. 603.). La supériorité de la loi sur la jurisprudence se retrouve lors de l'intervention du législateur. Cependant, les relations entre la loi et la jurisprudence reposent plus souvent sur une fructueuse collaboration leur permettant de s'enrichir mutuellement. Cette collaboration prend une forme originale à travers les propositions de modifications de la loi formulées par la Cour de cassation dans son rapport annuel.

La suppression des antinomies de la loi est d'autant plus importante qu'elle favorise la cohérence de l'ordre juridique. En principe, deux règles incompatibles, c'est-à-dire ne pouvant pas faire l'objet d'une application conjuguée, ne devraient pas se rencontrer dans un système législatif cohérent. Pourtant l'hypothèse se vérifie au sein d'un même article loi. Par exemple, l'article 1112 du Code civil concernant la violence, vice du consentement, comporte deux alinéas contradictoires. Le premier prévoit que la violence doit être prise en considération de manière objective lorsqu'elle « est de nature à faire impression sur une personne raisonnable », laissant craindre pour sa personne ou sa fortune. L'alinéa deux repose quant à lui sur une approche opposée, car il précise qu'il convient de tenir compte de « l'âge, du sexe, et de la condition des personnes ». La jurisprudence quant à elle fait prévaloir l'approche subjective, en opérant un tel choix, elle est créatrice de droit et confère une dimension concrète à la violence, vice du consentement.

L'actualisation de la règle de droit est nécessaire même en présence d'un texte clair dès lors que ce dernier ancien ne correspond plus aux évolutions scientifiques, techniques, sociales. Les exemples sont nombreux notamment en droit de la preuve sous l'influence de l'informatique. La jurisprudence a dû, bien avant l'intervention du législateur par la loi du 13 mars 2000, introduire la souplesse nécessaire à la prise en considération de ces nouveaux moyens de preuve. La décision la plus remarquable en la matière est celle de la Chambre commerciale de la Cour de cassation en date du 2 décembre 1997 qui, à propos de la cession d'une créance professionnelle (Dailly), déclare que l'écrit peut être conservé sur tout support, y compris télécopie dès lors que son intégrité et l'imputabilité de son contenu sont vérifiées ou sont incontestées. En l'espèce, le législateur en intervenant par la loi du 13 mars 2000 sur la preuve électronique assure le respect de la répartition classique des sources en droit civil.

La jurisprudence de la Cour de cassation réunie en Assemblée plénière condamnant la pratique des mères porteuses relève de la même démarche d'actualisation du droit. La Cour juge dès 1991 qu'une telle convention contrevient tant au principe d'ordre public de l'indisponibilité du corps humain qu'à celui de l'indisponibilité de l'état des personnes L'interdiction est reprise par le législateur en 1994 par l'introduction de l'article 16-7 du Code civil : « Toute convention portant sur la procréation ou la gestation pour le compte d'autrui est nulle ».

Une actualisation du droit permet de vivifier la loi en soumettant des dispositions existantes au prisme de la modernité. La jurisprudence est alors source de renouvellement du droit, mais c'est sans doute en cas de lacune volontaire ou pas du droit que la force créatrice de la jurisprudence est la plus nette.

Un autre argument en faveur de la reconnaissance de la jurisprudence comme source du droit se trouve dans l'avènement du revirement pour l'avenir.

4 • LE REVIREMENT DE JURISPRUDENCE POUR L'AVENIR :

Par essence, la jurisprudence est déclarative tandis que la loi doit s'appliquer pour l'avenir. La Cour de cassation ne juge qu'en droit, mais elle reste liée par les éléments du pourvoi. Par conséquent, elle statue sur des faits antérieurs à sa décision, c'est par une interprétation créatrice qu'elle fait apparaître la règle applicable. Cette dernière s'applique nécessairement rétroactivement. Cette rétroactivité est dangereuse en présence de revirement de jurisprudence. À la demande du premier président de la Cour de cassation un groupe de travail a été chargé de faire des propositions pour limiter la rétroactivité des revirements de jurisprudence (*Rapport sur les revirements de jurisprudence*, Lexis-Nexis Litec, 2005.). Les effets injustes des revirements de jurisprudence sont d'autant plus critiquables que l'on rapproche la norme jurisprudentielle et la norme légale. Les parties au litige sont certes les premières intéressées, mais elles ne sont pas les seules dans la mesure où les tiers sont également concernés par des solutions qui modifient l'interprétation de la loi. Ceci montre que la jurisprudence tend vers le général et l'impersonnel à travers le prisme de la loi interprétée. Ce constat explique le changement de perspective dans l'analyse du revirement de jurisprudence. La réflexion sur le revirement pour l'avenir aboutit à des propositions mesurées. Seule la Cour de cassation est en mesure de moduler dans le temps les effets des revirements de jurisprudence. Aux magistrats d'apprécier les circonstances dans lesquelles un revirement pour l'avenir devrait être envisagé en écartant le revirement rétroactif qui reste la règle. Ils devraient rechercher « *s'il existe une disproportion manifeste entre les avantages attachés à la rétroactivité normale du revirement et les inconvénients qu'emporterait cette rétroactivité sur la situation des justiciables* » ou encore si la mise en évidence d'un impérieux motif d'intérêt général justifierait l'exception apportée à la règle générale de la rétroactivité. La Cour de cassation s'emploie à utiliser la technique de la balance des intérêts. La question de la portée du revirement devrait faire l'objet d'un débat contradictoire spécifique entre les parties et même au-delà. En effet, si la question se pose du revirement pour l'avenir c'est, par définition, que la décision à rendre aura une influence qui dépasse le seul cadre du litige à trancher.

Par conséquent, depuis le rapport Molfessis portant réflexion sur le revirement de jurisprudence, la Cour de cassation fait parfois une application modulée dans le temps des effets du revirement de jurisprudence. Ce n'est qu'à titre exceptionnel que la jurisprudence doit écarter son effet rétroactif, mais cela est désormais possible. La Cour de cassation a appliqué le revirement de jurisprudence pour l'avenir dans le contexte très technique de la prescription trimestrielle pour les infractions de presse (pour interrompre la prescription en la matière et garder le droit de poursuivre ces infractions, il faut réitérer les actes de poursuite tous les trois mois) dans un arrêt du 8 juillet 2004 (Civ. 2e, 8 juillet 2004, n° 01-10.426, Bull. civ. II n° 387) puis dans une décision de l'assemblée plénière du 21 décembre 2006.

Les conséquences qu'emportent l'introduction du revirement pour l'avenir sur la reconnaissance de la jurisprudence comme source du droit sont importantes. Premièrement, elle consacre la jurisprudence comme source du droit. Poser la nécessité de limiter l'effet rétroactif d'une décision suppose qu'elle crée une nouvelle règle de droit. Deuxièmement, elle pose la question de la compatibilité avec l'article 5 du Code civil prohibant les arrêts de règlement. Accepter de donner le pouvoir à la Cour de cassation, de moduler dans le temps les effets de ses décisions, ne revient pas à lui reconnaître le pouvoir de donner une force contraignante à ses arrêts qui va au-delà des parties au litige résolu. Cependant, cela revient à consacrer l'ascendant de la jurisprudence sur les autres décisions, à venir, alors que le droit français ne consacre pas la règle du précédent judiciaire. La nuance est subtile même si elle est réelle. L'article 5 du Code civil en interdisant les arrêts de règlement empêche le juge d'exercer le pouvoir législatif, il est vrai que l'introduction de possibles revirements pour l'avenir consacre la jurisprudence comme source du droit mais ne viole pas directement l'article 5 du Code civil. Il n'en reste pas moins que le juge le pouvoir de créer une norme « obligatoire », non pas aux parties au procès qui se voient exonérer des effets du revirement, mais aux tiers qui seront concernés par les conséquences, à venir, du revirement. Toute l'ambiguïté tient dans le fait que la norme prétorienne pour respecter l'article 5 du Code civil ne devrait s'imposer qu'aux parties et ne devrait servir que de guide pour les tiers. Troisièmement, elle suppose l'élaboration d'un droit transitoire spécifique, il ne peut pas être question, à peine de confusion, de transposer les solutions applicables à la loi. À la différence des situations juridiques nées sous l'empire de la loi, il n'est pas envisageable de poser le principe du respect de droits acquis en raison d'une jurisprudence même constante. Le revirement de jurisprudence pour l'avenir doit seulement permettre de respecter « les expectatives des justiciables là où elles ne peuvent être considérées comme infondées au regard du droit initialement applicable ». Quoi qu'il en soit, l'introduction du revirement de jurisprudence pour l'avenir ne devrait avoir qu'une ampleur limitée, mais il est d'ores et déjà réalisé tant pas les juges judiciaires que par les juges administratifs (CE, 16 juillet 2007, n° 291545).

5 • FICHE N° 4 – POUR METTRE TOUT LE MONDE D'ACCORD : LA SYNTHÈSE

La jurisprudence peut être considérée comme une autorité ou comme une source du droit. Les mots importent peu. L'essentiel est de se mettre d'accord sur un point : la jurisprudence est créatrice de droit dans la mesure où elle est la « parole vivante du droit » (P. Hébraud, *Le juge et la jurisprudence*, Mélanges Couzinet, Toulouse 1975, p. 363).

Le juge doit trancher le litige qui lui est soumis ; pour réaliser cette fonction il dispose d'une large autonomie lui permettant de modeler, modifier, compléter les textes légaux et réglementaires mis à sa disposition. Portalis a ainsi résumer le caractère indispensable de la jurisprudence : « Un code, quelque complet qu'il puisse paraître, n'est pas plutôt achevé que mille question inattendues viennent s'offrir au magistrat. »

Pour aller plus loin

Sujets portant sur des thèmes voisins :

« Sujets de dissertation : Comparez la doctrine et la jurisprudence »

« Les revirements de jurisprudence »

« Le juge et la loi »

Lectures autour du thème :

- Ch. Atias, « D'une vaine discussion sur une image inconsistante : la jurisprudence en droit privé », *RTD civ.* 2007, p. 23.
- P. Jestaz, « Les sources du droit, déplacement d'un pôle à l'autre », *RTD civ.* 1996, p. 299.
- X. Lagarde, « Jurisprudence et insécurité juridique », *D.* 2004.678.
- R. Libchaber, « Retour sur une difficulté récurrente : les justifications du caractère rétroactif ou déclaratif de la jurisprudence », *RTD civ.* 2002.176.
- P. Morvan, « Le revirement de jurisprudence pour l'avenir : humble adresse aux magistrats ayant franchi le Rubicon », *D.* 2005, p. 247.

Sujet 9 : Questionnaire à choix multiple

L'organisation de la justice et les acteurs de la justice

Il faut cocher la case juste, toutes les réponses ne contiennent pas nécessairement une réponse juste.

1– Combien y a-t-il de degré de juridiction en matière civile ?

☐ a) 3

☐ b) 2

2– La Cour de cassation :

☐ a) juge en droit et en fait

☐ b) est un troisième degré de juridiction

3– Les cours administratives d'appel sont compétentes en appel :

☐ a) des jugements rendus par les tribunaux administratifs en première instance

☐ b) des seuls jugements rendus en matière fiscale

4– Les juges consulaires sont :

☐ a) les juges des tribunaux de commerce

☐ b) des juges conciliateurs

5– La juridiction de proximité est composée :

☐ a) de juges professionnels désignés par le Ministre de la Justice

☐ b) de juges non professionnels

6– Le taux de ressort est de :

☐ a) 4 000 €

☐ b) 10 000 €

7– Le tribunal de commerce est composé de :

☐ a) magistrats professionnels et de magistrats élus parmi les commerçants

☐ b) magistrats élus parmi les commerçants

8– Le tribunal d'instance statue :

☐ a) toujours en formations collégiales et impaires

☐ b) toujours à juge unique

9– Les décisions des cours d'assises :

☐ a) doivent être motivées

☐ b) ne doivent pas être motivées

10– En matière d'instruction, la juridiction du second degré est :

☐ a) la chambre des appels correctionnels

☐ b) la chambre de l'instruction

11– Le jury de la cour d'assises est composé de :

☐ a) 12 jurés

☐ b) 9 jurés

12– Le juge des libertés et de la détention est :

☐ a) un juge du parquet

☐ b) un juge du siège

13– La Cour d'assises, statuant en premier ressort, est composée de :

☐ a) un jury uniquement

☐ b) une Cour et un jury

14– Le tribunal de police est compétent :

☐ a) pour les contraventions

☐ b) pour les contraventions et les délits

15– Le juge d'application des peines :

☐ a) contrôle le bon fonctionnement des établissements pénitentiaires

☐ b) fixe les modalités d'exécution des sentences pénales

16– Le tribunal des conflits tranche :

☐ a) les conflits entre les magistrats et juge de leur responsabilité

☐ b) les conflits positifs ou négatifs de compétences entre l'ordre judiciaire et administratif

17– Les jugements rendus par une juridiction de première instance sont susceptibles d'un appel devant la cour d'appel :

☐ a) toujours par application du principe du double degré de juridiction

☐ b) seulement lorsque les litiges portent sur une certaine somme

18– Les décisions du juge d'instruction :

☐ a) ne sont pas susceptibles d'appel

☐ b) sont susceptibles d'appel

19– Le Conseil des Prud'hommes juge :

☐ a) les litiges entre les commerçants

☐ b) les litiges entre employeurs et salariés

20– La Haute cour de justice est le juge de :

☐ a) la responsabilité du président de la République pour crime de haute trahison

☐ b) la responsabilité pénale des ministres pour les actes accomplis dans l'exercice de leurs fonctions et qualifiés de crimes ou de délits au moment où ils ont été commis

21– En l'absence de tribunal de commerce, en tient lieu :
☐ a) le tribunal de grande instance
☐ b) la chambre commerciale de la cour d'appel

22– Les conseillers sont :
☐ a) les magistrats du siège qui jugent les pourvois en cassation
☐ b) des spécialistes chargés de conseiller les juges

23– La Cour de cassation peut :
☐ a) émettre des avis quand elle le veut
☐ b) émettre des avis en présence d'une question de droit nouvelle

24– Le pourvoi est :
☐ a) non dévolutif et suspensif en principe
☐ b) non dévolutif et non suspensif en principe

25– L'avocat général :
☐ a) appartient au Ministère public
☐ b) intervient à l'audience, devant la cour d'appel, au nom du procureur de la République

26– Le Ministère public :
☐ a) veille au respect de la loi et de l'ordre public
☐ b) ne peut intervenir qu'en matière pénale

27– Les experts judiciaires :
☐ a) doivent respecter les garanties procédurales
☐ b) sont des magistrats chargés de défendre l'ordre public en matière civile

28– Les assistants de justice :
☐ a) sont des greffiers
☐ b) sont des avocats commis d'office

29– Le conciliateur est :
☐ a) un médiateur
☐ b) un bénévole

30– Saisie d'un pourvoi en cassation, la Cour de cassation :
☐ a) est obligée de recevoir le pourvoi
☐ b) peut rejeter le pourvoi comme irrecevable

31– La Cour de cassation :
☐ a) ne peut pas casser sans renvoyer l'affaire
☐ b) ne peut pas rejeter un pourvoi s'il est recevable

32– La Cour Européenne des Droits de l'Homme est la juridiction :
- ☐ a) de l'Union européenne
- ☐ b) du Conseil de l'Europe

33– Un troisième pourvoi en cassation :
- ☐ a) n'est pas envisageable
- ☐ b) est envisageable

34– La Cour de cassation dans le cadre du mécanisme du pourvoi :
- ☐ a) n'est jamais obligée de se réunir en assemblée plénière
- ☐ b) n'est pas obligée de se réunir en assemblée plénière lors du premier pourvoi

35– La Cour de cassation si elle casse en renvoyant l'affaire est tenue :
- ☐ a) de renvoyer devant une cour d'appel
- ☐ b) de renvoyer devant une juridiction du même ordre, du même degré, de même nature que la juridiction ayant rendue la décision attaquée

36– Le Conseil d'État :
- ☐ a) n'a que des compétences en matière contentieuse
- ☐ b) est le conseiller du gouvernement

37– Le pourvoi en cassation est ouvert :
- ☐ a) à toutes les décisions rendues en premier et dernier ressort
- ☐ b) aux seules décisions des cours d'appel

38– Les greffiers sont :
- ☐ a) des magistrats professionnels
- ☐ b) des membres de la fonction publique

39– Les greffiers ont pour seule fonction :
- ☐ a) de transcrire les décisions de justice
- ☐ b) de s'occuper des registres et des documents prévus par les textes en vigueur

40– Les assistants de justice :
- ☐ a) contribuent à la formation continue des magistrats
- ☐ b) aident les magistrats dans les travaux préparatoires nécessaires l'exercice de leurs attributions

Correction du QCM

1– Combien y a-t-il de degré de juridiction en matière civile ?

Bonne réponse : b

La Cour de cassation n'est pas un troisième degré de juridiction car elle ne garantit que l'application rigoureuse du droit, à la différence des juges du fond (1er et second degré) qui jugent en fait et en droit.

2– La Cour de cassation :

Bonne réponse : aucune

Aucune des réponses ne doit être retenue. Les missions de la Cour de cassation sont spécifiques. Elle vérifie la bonne application de la loi par les juges du premier et du second degré. Elle uniformise l'application du droit sur tout le territoire. Depuis la loi de 1991, elle rend des avis : en présence d'une question de droit nouvelle, présentant une difficulté sérieuse et susceptible de s'appliquer à de nombreux litiges, une juridiction de l'ordre judiciaire peut solliciter l'avis de la Cour de cassation. Depuis l'introduction des questions prioritaires de constitutionnalité, elle filtre les questions avant de les transmettre au non au Conseil constitutionnel.

3– Les cours administratives d'appel sont compétentes en appel :

Bonne réponse : a

Les cours administratives d'appel ont été instituées par la loi n° 87-1127 du 31 décembre 1987 portant réforme du contentieux administratif, elles sont entrées en fonction le 1er janvier 1989. Chaque cour est présidée par un conseiller d'État. Les conseillers qui y siègent sont issus de la première classe des tribunaux administratifs.

En formation ordinaire, une cour d'appel est composée de cinq conseillers dont un commissaire du gouvernement. En formation de jugement, elle est composée de cinq conseillers ; en formation plénière, elle comprend sept conseillers. Elles constituent les juridictions de droit commun du second degré, elles sont donc compétentes pour juger en appel, les décisions rendues par les tribunaux administratifs. Cependant, pour certains contentieux, le juge d'appel reste le Conseil d'État : le contentieux des élections municipales et cantonales, les recours pour excès de pouvoir formés contre les actes réglementaires, les recours en appréciation de la légalité des actes réglementaires. Les cours administratives d'appel sont compétentes pour connaître des recours pour excès de pouvoir contre les actes non réglementaires.

4– Les juges consulaires sont :

Bonne réponse : a

Ils sont élus parmi les commerçants inscrits au Registre du commerce et des sociétés (RCS). Ils sont bénévoles. Ils siègent dans les tribunaux de commerce qui sont compétents pour toutes les affaires commerciales (actes de commerce, sociétés commerciales, entreprises en difficulté, etc.)

5– La juridiction de proximité est composée :

Bonne réponse : b

Ces juges vont voir leur situation changer dès le 1er janvier 2013. La loi du 13 décembre 2011 relative à répartition des contentieux et à l'allégement de certaines procédures juridictionnelles supprime les juridictions de proximité. Elles disparaissent à compter du 1er janvier 2013. Leur contentieux sera transféré aux tribunaux d'instance (TI). Les juges de proximité seront rattachés au TI et siégeront dans les chambres correctionnelles ou les tribunaux de police.

6– Le taux de ressort est de :

Bonne réponse : a

Le taux de ressort détermine la valeur du litige qui ouvre droit à l'appel. Le plaideur qui a succombé en première instance peut saisir la juridiction hiérarchiquement supérieure, la Cour d'appel. Pour qu'il puisse agir ainsi, il faut que le litige est une valeur supérieure au taux de ressort.

7– Le tribunal de commerce est composé de :

Bonne réponse : b

Voir les précisions sous la réponse n° 4.

8– Le tribunal d'instance statue :

Bonne réponse : b

Les tribunaux d'instance sont le complément des tribunaux de grande instance, à ce titre ils présentent de nombreux points communs avec eux. En principe, c'est une juridiction à juge unique (art. L. 222-1, C. org. jud.), ce qui constitue une dérogation au principe de collégialité. Le ministère de l'avocat n'est pas obligatoire. Le tribunal d'instance est le tribunal des petits litiges civils, des droits personnels mobiliers. La compétence d'attribution du tribunal d'instance est variée. Il a des attributions particulières comme la présidence des conseils de famille, il est le juge des tutelles. Ces attributions juridictionnelles sont composées de deux types de compétences, une générale pour les petits litiges, une spéciale par exemple en ce qui concerne les actions immobilières possessoires, les actions en bornage, les actions relatives aux baux d'habitation.

9– Les décisions des cours d'assises :

Bonne réponse : a

L'absence de motivation des décisions de Cour d'assises fait désormais partie de l'histoire du droit. Déjà la Cour européenne des droits de l'homme (CEDH) avait mis en évidence la difficulté dans un arrêt concernant la Belgique. Elle a semblé condamner l'absence de motivation car le requérant ignorait les motifs de sa condamnation. L'inquiétude soulevée en France à l'époque par cette décision est écartée par un arrêt du 16 novembre 2010 qui rappelle la diversité juridique existant au sein des États du Conseil de l'Europe s'agissant des jurys populaires ; en même temps, il souligne que le justiciable doit comprendre les raisons de sa condamnation (tout comme le public) pour conclure (sauvant indirectement le système français) que le système des questions posées est conventionnellement admissible et peut répondre aux exigences des droits fondamentaux. Le système français ne paraissait pas contraire à la Convention EDH. Pourtant une question prioritaire de constitutionnalité a été transmise au Conseil constitutionnel sur la constitutionnalité de l'absence de motivation des arrêts d'assises. Ce dernier par sa décision du 1er avril 2011 (n° 2011-113/115-QPC) précise que l'obligation de motiver les jugements et arrêts est une garantie légale qui trouve sa source dans une exigence constitutionnelle. Le législateur doit donc arrêter des règles excluant tout risque d'arbitraire. Les questions posées, les débats et les modalités de délibération en Cour d'assises sont, à ce titre, jugés conformes à la Constitution. Ainsi, avant même tout changement législatif, le Conseil constitutionnel et la Cour de cassation avaient estimé les dispositions du droit français constitutionnelles. Il n'en demeure pas moins que la loi du 10 août 2011 sur la participation des citoyens au fonctionnement de la justice pénale et le jugement des mineurs introduit la motivation des décisions d'assises. Elle est entrée en vigueur le 1er janvier 2012. Son article 2, al. 1, précise que « le président ou l'un des magistrats assesseurs par lui désigné rédige la motivation de l'arrêt ». Cette disposition vient mettre un terme au débat suscité par les décisions de la CEDH.

10– En matière d'instruction, la juridiction du second degré est :
Bonne réponse : b
La chambre de l'instruction, successeur de la chambre d'accusation depuis 2001, est une formation particulière de la cour d'appel. Elle est composée de trois magistrats et assistée d'un greffier de la cour d'appel. Elle est le juge d'appel des ordonnances du juge d'instruction ce qui lui permet de reprendre l'ensemble des actes d'instruction et d'en ordonner de nouveaux. La chambre de l'instruction a également un pouvoir disciplinaire sur les agents et officiers de police judiciaire.

11– Le jury de la cour d'assises est composé de :
Bonne réponse : aucune
Il ne faut retenir aucune des réponses. La cour d'assises est une juridiction composée de magistrats professionnels et de citoyens tirés au sort sur la base des listes électorales de chaque commune. Les jurés ainsi tirés au sort sont au nombre de six (depuis le 1er janvier 2012).

12– Le juge des libertés et de la détention est :
Bonne réponse : b
Ce dernier a été créé par la loi du 15 juin 2000. C'est un magistrat du siège qui a rang de président. Il est désigné par le président du TGI et il est assisté d'un greffier. Il ne peut pas participer au jugement d'une affaire qu'il a connu comme juge de la liberté et de la détention pour respecter le principe de l'impartialité des juges.

13– La Cour d'assises, statuant en premier ressort, est composée de :
Bonne réponse : b
Pour plus de précision voir réponse n° 11.

14– Le tribunal de police est compétent :
Bonne réponse : a
Il s'agit du tribunal de droit commun en droit pénal. Il est la formation pénale du tribunal d'instance. Il est compétent pour trancher les litiges relatifs aux infractions passibles d'une peine d'amende qui n'excède pas 3 000 € et pour les contraventions de 5e classe. Le tribunal de police compétent est celui du lieu de commission de l'infraction ou celui de la résidence du prévenu.

15– Le juge d'application des peines (JAP) :

Bonne réponse : b

Le JAP est un magistrat du siège du TGI. Il doit présenter des garanties d'indépendance, sa désignation dépend d'un décret du président de la République après avis du conseil supérieur de la magistrature. Il fixe les principales modalités de l'exécution des sentences pénales et des peines privatives ou restrictives de liberté.

16– Le tribunal des conflits tranche :

Bonne réponse : b

Le tribunal des conflits est présidé de droit par le ministre de la Justice, en pratique c'est une vice-présidence alternée – Président de la Cour de cassation et Président du Conseil d'État qui est effective. En outre, il est composé de trois conseillers de la Cour de cassation et du Conseil d'État élus par leurs collègues. Ses fonctions sont de régler les conflits positifs ou négatifs de compétences entre l'ordre judiciaire et administratif et de régler les conflits de décisions rendues par les juridictions de l'ordre judiciaire et administratif.

17– Les jugements rendus par une juridiction de première instance sont susceptibles d'un appel devant la cour d'appel :

Bonne réponse : b

Voir la réponse sur le taux de ressort, question n° 6.

18– Les décisions du juge d'instruction :

Bonne réponse : b

Depuis la loi du 15 juin 2000 ayant organisé un appel des décisions des cours d'assises, le juge d'instruction rend l'ordonnance de mise en accusation devant la cour d'assises. Le procureur de la République a le droit d'interjeter appel devant la chambre de l'instruction de toute ordonnance du juge d'instruction (art. 185, C. pr. pén.).

19– Le Conseil des Prud'hommes juge :

Bonne réponse : b

Les conseils des prud'hommes sont constitués par des juges élus qui représentent pour moitié les salariés et pour l'autre moitié les employeurs. La répartition paritaire du conseil laisse entrevoir la possibilité d'un blocage lorsque les salariés et les employeurs ne parviennent pas à se mettre d'accord ; le partage des voix est assuré par un juge du tribunal d'instance.

20– La Haute cour de justice est le juge de :

Bonne réponse : a

La Haute cour de justice ne dépend d'aucun ordre de juridiction et est compétente pour juger le président de la République en cas de haute trahison.

21– En l'absence de tribunal de commerce, en tient lieu :

Bonne réponse : a

Sur le tribunal de commerce voir la question/réponse n° 4.

22– Les conseillers sont :

Bonne réponse : a

Le rôle des conseillers est d'assurer l'instruction écrite du dossier objet du pourvoi en cassation en établissant un rapport après avoir étudié le dossier. Le rapport du conseiller comprend l'exposé des faits et de la procédure ainsi que l'analyse des moyens soumis à la Cour de cassation. Ce rapport identifie le problème de droit à juger et son intérêt. La note du conseiller contient l'avis du rapporteur.

23– La Cour de cassation peut :

Bonne réponse : aucune

Aucune des réponses ne doit être retenue, la loi de 1991 encadre strictement les avis de la Cour de cassation.

24– Le pourvoi est :

Bonne réponse : b

Le pourvoi en cassation n'a pas d'effet suspensif de l'exécution, à l'exception du divorce, de la nationalité. Il tend à faire censurer par la Cour de cassation la non-conformité du jugement attaqué aux règles de droit.

25– L'avocat général :

Bonne réponse : b

L'avocat général est membre du Ministère public. Il est l'auxiliaire du Procureur de la République.

26– Le Ministère public :

Bonne réponse : b

Le Ministère public vise l'ensemble des magistrats qui doivent requérir l'application de la loi et assurer le respect des intérêts généraux de la société. Les magistrats appartenant à ce corps sont indépendants des magistrats du siège (chargés de juger).

27– Les experts judiciaires :

Bonne réponse : a

Cette obligation est corrélative à la nécessité toujours plus grande de leur intervention. En effet, la complexité croissante des affaires et de l'établissement de la preuve rend de plus en plus indispensable le recours à des mesures d'expertise. Elles permettent d'éclairer le juge sur les questions techniques. Le juge n'est pas lié par les conclusions de l'expert. Il faut prévoir toutes les garanties procédurales en présence d'un rapport d'expertise (respect du contradictoire, des droits de la défense, impartialité...).

28– Les assistants de justice :

Bonne réponse : aucune

Aucune des réponses ne doit être cochée. Les assistants de justice participent aux travaux préparatoires réalisés par les magistrats dans l'exercice de leurs attributions, ils font des travaux de recherche, de documentation, de jurisprudence, rédigent des notes de synthèse sur les dossiers, rédigent des projets de décisions. Ils ont une formation juridique d'au moins quatre ans après le baccalauréat.

29– Le conciliateur est :

Bonne réponse : aucune

Aucune des réponses n'est juste. Le conciliateur doit faciliter, en dehors de toute procédure, le règlement amiable des différends. Il doit vérifier toutes les conditions d'intégrité. Il est bénévole et sa formation juridique est assurée par l'École nationale de la magistrature.

30– Saisie d'un pourvoi en cassation, la Cour de cassation :

Bonne réponse : b

En cas de rejet du pourvoi, la Cour de cassation considère qu'aucune erreur de droit n'entache les décisions rendues par les juges du fond. La décision attaquée devient irrévocable et l'affaire est close. L'hypothèse de la cassation implique la présence d'une erreur de droit commise par les juges du fond. La cassation peut intervenir sans renvoi en présence d'une affaire où un nouveau jugement au fond est inutile. Elle intervient plus souvent avec renvoi. L'affaire doit alors être rejugée par d'autres juges du fond.

31– La Cour de cassation :

Bonne réponse : aucune

Aucune des réponses n'est valable, la réponse n° 30 montre que la Cour peut rejeter le pourvoi. En outre elle peut casser sans renvoyer l'affaire aux juges du fond. Dans ce cas, elle casse pour assurer le respect du droit, mais la situation des parties n'est pas affectée par la cassation.

32– La Cour européenne des Droits de l'Homme est la juridiction :

Bonne réponse : b

La CEDH siège à Strasbourg. Elle est le seul organe de contrôle du respect des droits de l'homme en Europe c'est-à-dire en application de la Convention européenne des droits de l'Homme, signée à Rome le 4 novembre 1950.

33– Un troisième pourvoi en cassation :

Bonne réponse : b

L'hypothèse est envisageable en cas de résistance des juges du fond ou si une autre question de droit est soulevée dans la même affaire justifiant un nouveau pourvoi. La juridiction de renvoi reprend l'affaire dans son ensemble, elle n'est pas tenue de suivre la position de la Cour de cassation. Si elle résiste sur le point de droit soumis à la Cour de cassation dans le premier pourvoi et que la Cour est de nouveau saisie, elle doit alors statuer en assemblée plénière.

34– La Cour de cassation dans le cadre du mécanisme du pourvoi :

Bonne réponse : b

Elle peut le faire, comme elle peut décider de réunir une chambre mixte en cas de difficultés juridiques fortes, de divergences entre les chambres de la Cour. Elle se réunit en plénière en cas de résistance des juges du fond sur un point de droit particulier.

35– La Cour de cassation si elle casse en renvoyant l'affaire est tenue :

Bonne réponse : b

Ainsi elle peut renvoyer l'affaire selon les cas devant une cour d'appel ou un tribunal du premier degré.

36– Le Conseil d'État :

Bonne réponse : b

Le Conseil d'État a deux types de missions. Ses attributions contentieuses le conduisent à « statuer souverainement sur les recours en cassation dirigés contre les décisions rendues en dernier ressort par les diverses juridictions administratives, ainsi que sur ceux dont il est saisi en qualité de juge de premier ressort et de juge d'appel. Il a une compétence de pleine juridiction par exemple pour le contentieux des élections (Parlement européen, Conseils régionaux, etc.), pour les recours dirigés contre les décrets ou ordonnances du Président de la République, les actes réglementaires des ministres, etc. Il a une compétence d'appel quand la loi n'en dispose pas autrement. Il a une compétence de cassation contre les décisions rendues en dernier ressort par toutes les juridictions administratives. Ses attributions administratives en font un conseiller du gouvernement. Sa consultation est obligatoire ou facultative sur les projets de textes, décisions en préparation ou questions intéressant l'administration.

37– Le pourvoi en cassation est ouvert :

Bonne réponse : a

Voir les questions/réponses 33 à 35.

38– Les greffiers sont :

Bonne réponse : b

Chaque juridiction dispose d'un secrétariat-greffe qui est composé de fonctionnaires de l'État, les greffiers sont placés sous la responsabilité du greffier en chef. Le greffier en chef joue un rôle important. Il gère les crédits de fonctionnement de la juridiction et participe à la préparation du budget, il surveille l'entretien des locaux, assure la gestion du personnel du greffe. Il assiste la juridiction en tenant la plume à l'audience et en s'occupant des documents et registres prévus par les textes en vigueur. Sous le contrôle du chef de la juridiction il est dépositaire des minutes des décisions et il est responsable de leur conservation, il en délivre les expéditions et les copies.

39– Les greffiers ont pour seule fonction :

Bonne réponse : aucune

Aucune réponse, voir la réponse à la question n° 38.

40– Les assistants de justice :

Bonne réponse : b

Ils participent aux travaux préparatoires réalisés par les magistrats dans l'exercice de leurs attributions, ils font des travaux de recherche, de documentation, de jurisprudence, rédigent des notes de synthèse sur les dossiers, rédigent des projets de décisions. Ils ont une formation juridique d'au moins quatre ans après le baccalauréat.

Pour aller plus loin

Sujets portant sur des thèmes voisins

« Le procès »

« Les principes directeurs du procès »

Lectures autour du thème

- N. Fricero, *Mémentos LMD Procédure civile*, Gualino éditeur, 11e éd., 2014.
- N. Fricero, *L'essentiel des institutions judiciaires*, Gualino éditeur, 7e éd., 2014.
- N. Fricero, *Mémentos LMD Institutions judiciaires*, Gualino éditeur, 5e éd. 2014.
- Y. Strickler, *Procédure civile*, Manuel Paradigme, 2010.

Sujet 10 : Dissertation

Les rapports de la loi et de la coutume

Le sujet proposé ne présente pas de réelle difficulté, si ce n'est qu'il n'est pas demandé de disserter sur la coutume en général, mais d'analyser uniquement l'aspect particulier de ses rapports avec la loi. Le principal écueil à éviter est donc le hors sujet occasionné par des développements relatifs à la seule coutume comme ses éléments constitutifs ou sa preuve. En revanche certains points permettront d'alimenter la réflexion. Ainsi par exemple, en introduction les termes du sujet devant être définis, il sera nécessaire de citer les différentes composantes de la coutume. Son rôle et sa place face à la loi feront l'objet des développements.

Bien que les termes utilisés par le sujet ne soient pas compliqués leur analyse être révélatrice. L'utilisation du terme coutume conduira tout d'abord à envisager la distinction entre usage et coutume en présentant ces deux notions.

Il n'est pas utile de d'insister sur la notion de loi (son adoption, la hiérarchie des lois, son application), sauf par comparaison avec la coutume. En ce qui concerne son mode de formation, il est important de signaler que la loi émane du Parlement (exception faite des lois référendaires exceptionnelles) alors que la coutume émane du peuple. En ce qui concerne sa nature, la loi est obligatoire. La coutume l'est aussi mais par un processus différent. Ce n'est pas l'autorité qui l'a édicté qui lui donne sa force obligatoire, mais un élément psychologique, la croyance par les individus du caractère obligatoire de la coutume. Enfin, s'agissant de son application dans l'espace, il faut préciser que la loi est d'application générale : elle s'applique, sauf cas particulier (outre-mer et droit alsacien-mosellan) sur tout le territoire national alors que la coutume peut être d'application géographique limitée (usages locaux – par exemple, une tradition tauromachique limitée dans le sud).

La ***notion de coutume*** *est une notion plus délicate à maîtriser d'une part parce qu'elle n'est pas d'un organe de l'État mais du peuple lui-même, de la pratique des individus, d'autre part parce qu'elle est composée d'éléments disparates.*

La coutume n'existe que par la réunion de deux éléments : un élément matériel constitué d'un usage, présentant certains caractères, et un élément psychologique (opinio necessitatis) lui conférant force obligatoire. Élaborée de façon populaire et spontanée, la coutume s'établit effectivement par l'habitude sociale, c'est-à-dire par la répétition et l'imitation des intéressés. Elle nécessite l'existence d'un usage, c'est-à-dire une pratique, une habitude collective, qui doit réunir plusieurs caractères pour pouvoir accéder au statut de coutume. Bien qu'employées parfois indifféremment les deux notions d'usage et de coutume se distinguent : la coutume est une règle de droit alors que l'usage est une pratique sans portée juridique. L'usage doit être ancien, constant, général et notoire. L'élément psychologique qui réside dans la conviction pour les sujets de droit que l'usage suivi présente un caractère juridiquement obligatoire le transforme en coutume, véritable règle de droit obligatoire.

Une distinction peut être faite selon ***l'origine des règles coutumières****. Les coutumes populaires regroupent les usages locaux, professionnels ou conventionnels issus des pratiques répétées des populations. Les coutumes d'origine savante sont établies directement par des juristes et prennent la forme de maximes souvent exprimées en latin ou de principes généraux du droit.*

Classiquement, **le rôle de la coutume** *est présenté par référence à la loi : elle existe soit par délégation de la loi (secundum legem), soit à côté de la loi (praeter legem), soit à l'encontre de la loi (contra legem). Les qualificatifs utilisés révèlent bien les différents types de rapports pouvant exister entre la loi et la coutume. L'analyse de ces trois catégories de coutume conduit ensuite au bilan que la coutume n'est qu'une source secondaire et accessoire par rapport à la loi.*

Trois types de rapports ayant été identifiés il s'agit de les intégrer dans un plan en deux parties. En effet, non seulement le plan en trois parties n'est que très exceptionnellement admis par les enseignants, mais l'analyse des différentes coutumes permet de démontrer que la coutume existe soit par reconnaissance de la loi (qu'elle lui demande de la compléter ou de pallier son silence), soit par opposition avec elle (c'est la principale question de l'abrogation de la loi par désuétude). Plus loin, de nombreux conflits existent entre la loi et la coutume qui sont résolus en faveur de l'une et plus exceptionnellement de l'autre. Le plan reprend cette idée de rapports qui sont tantôt pacifiques (I), tantôt conflictuels (II).

Coutume et loi ont toujours entretenu des rapports particuliers. Sources de droit toutes deux, elles se complètent mais rivalisent pour conserver leur domaine, car si celui de l'une se développe, celui de l'autre se restreint d'autant.

Historiquement la coutume constitue la source première du droit, avant l'apparition de la loi écrite. Mais alors qu'elle formait l'Ancien droit, elle a tendu à disparaître avec la Révolution qui a voué un véritable culte à la loi, exprimant la souveraineté nationale par l'intermédiaire des représentants du peuple.

La naissance du Code civil a particulièrement amenuisé le domaine de la coutume. Les anciennes coutumes qui existaient « dans les matières régies par le Code » ayant été abrogées par la loi de Ventôse an XII, la coutume ne pouvait plus subsister qu'en dehors de ces matières. La doctrine du XIXe siècle a eu tendance à considérer que la coutume ne pouvait plus être source de droit après la promulgation du Code. Ce sont les écoles du positivisme sociologique et plus particulièrement l'école historique allemande de Savigny qui ont réhabilité la coutume, mieux adaptée à la société et à son évolution parce que produite par elle.

La coutume est un usage ancien, constant et général, ayant acquis un caractère juridiquement obligatoire. Elle résulte de pratiques effectivement suivies par les personnes intéressées localement ou professionnellement et qui sont convaincues qu'elles ont un caractère obligatoire. Ce sentiment d'être obligé de respecter la règle coutumière (*opinio necessitatis*) est d'ailleurs ce qui permet de distinguer la coutume des usages. La coutume est un usage qui ne devient règle de droit qu'en se généralisant peu à peu, et parce que le milieu social, la conscience populaire viennent à le considérer comme obligatoire. Il y a une différence de nature entre une pratique qui est une simple manière d'agir, un usage qui est une manière d'agir ancienne, constante, notoire et générale, et la coutume qui est un usage auquel on se conforme parce que l'on a conscience d'y être tenu. Si les usages peuvent constituer l'élément matériel de la coutume, tous les usages ne se transforment pas en règles de droit obligatoires, comme par exemple les usages mondains ou l'usage des pourboires. La coutume n'existe que par la réunion de deux éléments, un élément matériel constitué d'un usage, présentant certains caractères, et un élément psychologique lui conférant force obligatoire.

Outre sa légitimité, la loi présente plusieurs avantages sur la coutume, notamment sa mobilité et sa rapidité d'adoption. Ces qualités ont conduit les législateurs à la développer au détriment de la coutume, moins mobile et plus lente de formation. En revanche, le mode d'élaboration de la coutume, par une lente maturation des pratiques sociales, explique qu'elle soit adaptée aux réalités de la vie sociale (ex : mise en place de la coutume du chèque par les marchands), locale ou professionnelle. C'est à ce titre qu'elle est consacrée par le Code civil qui renvoie aux usages chaque fois qu'il n'a pas souhaité imposer une uniformité nationale trop éloignée de la réalité. C'est à ce titre également qu'elle peut exister lorsque la loi n'a rien prévu. La coutume n'existe alors que par référence à la loi : elle est soit par délégation de la loi (*secundum legem*), soit à côté de la loi (*praeter legem*). Mais elle peut aussi aller à l'encontre de la loi (*contra legem*).

Le principe aujourd'hui est que la loi écrite l'emporte sur la coutume. La coutume ne peut remplacer la loi, l'abroger, la modifier. Inversement, la loi peut à tout moment mettre fin à une coutume qui lui serait contraire. Pourtant, on constate que dans des litiges qui les opposent, ce n'est pas toujours la loi qui l'emporte. La coutume tente de résister et de s'imposer au mépris d'une règle légale contradictoire.

En réalité, la loi et la coutume entretiennent tantôt des rapports de cohabitation pacifique, existant l'une à côté de l'autre ou se complétant (I), tantôt des rapports conflictuels quand elles disposent des règles opposées (II).

1 • DES RAPPORTS DE COHABITATION PACIFIQUE

Le Code civil ne dénie pas à la coutume le rang de source de droit, même si son domaine est restreint. D'une part, les coutumes antérieures non contraires au Code ont subsisté et d'autres ont pu se créer dans les silences de la loi. D'autre part, la loi a su tirer parti du caractère souple et évolutif de la coutume en lui abandonnant le soin de la compléter. Ainsi, loi et coutume coexistent (A) ou se complètent (B).

A - La coexistence de la loi et de la coutume

Même si elle n'occupe plus la première place, la coutume constitue une source de droit à part entière, notamment en droit commercial, en droit international ou même en droit constitutionnel.

Rien ne s'oppose à ce qu'une coutume intervienne pour régler une situation que le législateur n'a pas prévu. La coutume reste une source de droit, autonome de la loi. Les rédacteurs du Code civil l'avaient eux-mêmes souhaité précisant que « à défaut d'un texte précis sur chaque matière, un usage ancien, constant, et bien établi, une suite ininterrompue de décisions semblables, une opinion ou une maxime reçues tiennent lieu de loi » (Portalis). La coutume, dite *praeter legem*, est celle qui existe à côté de la loi. Elle comble alors les lacunes, le silence de la loi. C'est ainsi une coutume qui autorise la femme mariée à porter le nom de son mari.

De même en matière commerciale ou en droit du travail, les acteurs économiques ont créé leurs propres usages généraux, locaux ou professionnels qui remplacent les dispositions légales.

B - La complémentarité entre la loi et la coutume

La loi peut confier implicitement ou explicitement à la coutume (dite alors *secundum legem*) la mission de la compléter.

Certaines coutumes s'appliquent parce que la loi elle-même le prévoit. Cette dernière renvoie directement à la coutume qui apparaît comme un complément nécessaire. Cette technique est utilisée dans des domaines variés comme les servitudes (article 645 C. civ. à propos de l'utilisation des eaux par les propriétaires riverains, art. 663, C. civ. pour la hauteur des clôtures et art. 671 pour la distance à observer entre les plantations et les clôtures) ou les contrats (art. 1159 « ce qui est ambigu s'interprète par ce qui est d'usage dans le pays où le contrat est passé » ; art. 1160 selon lequel on « doit suppléer dans le contrat les clauses qui y sont d'usage, quoiqu'elles n'y soient pas exprimées » ; article 1135 qui dispose que « les conventions obligent non seulement à ce qui y est exprimé mais encore à toutes les suites que l'équité, l'usage ou la loi donnent à l'obligation d'après sa nature » ; articles 389-3, al. 1er qui prévoit que le mineur peut accomplir seul les actes que la loi ou l'usage lui autorise).

En acquérant une valeur identique à celle de la loi et en existant par délégation expresse de celle-ci, ces coutumes entretiennent des rapports privilégiés avec la loi. C'est encore le cas quand la délégation de la loi à la coutume est implicite.

Quand le Code civil fait référence à des notions générales et vagues comme les bonnes mœurs (art. 6 et 900, C. civ.), de bonne foi (possesseur), de bon père de famille, ou même de faute (art. 1382), il fait référence aux usages et coutumes.

2 • DES RAPPORTS CONFLICTUELS

Lorsqu'une loi et une coutume contiennent des dispositions contraires, le principe est aujourd'hui que la loi l'emporte sur la coutume. La coutume ne peut donc en principe déroger la loi. Pourtant dans certains cas, la loi peut disparaître au profit d'une coutume qui lui est contraire. Les rapports de force sont alors inversés : de favorables à la loi (A) ils deviennent favorables à la coutume (B).

A - Le rapport de force favorable à la loi

Quantitativement le rôle de la coutume est limité dans le droit positif français. La codification napoléonienne n'a en effet concédé qu'un domaine très restreint à cette source de droit, qui paraissait alors trop imprécise et génératrice d'une trop grande diversité, au profit de la loi.

Le législateur, ou le pouvoir réglementaire, ne peuvent être soumis à la concurrence de la coutume, puisqu'ils sont investis par la Constitution de la mission de définir les règles de droit.

La loi, ou le règlement, peut à tout moment mettre fin à une coutume, même bien établie, qui lui serait contraire. Ainsi la question de la transmission du nom patronymique à l'enfant légitime autrefois réglée par la coutume selon laquelle les enfants nés de parents mariés portent le nom du père est désormais régie par la loi (loi n° 2002-304 du 4 mars 2002 relative au nom de famille et modifiée par la loi n° 2003-516 relative à la dévolution du nom de famille) qui prévoit la possibilité aussi bien au père qu'à la mère de transmettre son nom aux enfants.

La coutume peut aussi inspirer la loi, ce qui restreint d'autant son champ d'action. Ainsi en incorporant certains adages dans le Code civil, la loi est devenue leur support formel et en a changé la nature (par exemple, art. 2276 « en fait de meubles, la possession vaut titre »).

La coutume contraire naît de la méconnaissance de la loi, volontaire (lorsque l'opinion n'applique pas la loi qu'elle connaît pourtant) ou involontaire (lorsque l'opinion ne connaît pas la loi). Il n'est pas souhaitable, dans ces cas, de la consacrer. Une jurisprudence constante décide que l'usage ne peut écarter une loi d'ordre public. Selon la Cour de cassation, « l'usage... ne saurait prévaloir contre une disposition légale présentant un caractère d'ordre public » (Civ. 1re, 19 novembre 1957, Gaz. Pal. 1958.1.117). La règle a été étendue aux lois impératives, sauf erreur commune. En revanche, en présence de lois ordinaires, la concurrence de la coutume est plus sévère.

B - Le rapport de force favorable à la coutume

Les rédacteurs du Code civil eux-mêmes n'ont pas reconnu formellement l'abrogation de la loi par désuétude, c'est-à-dire la coutume de sa non-application, sans toutefois dénier son utilité. Il est vrai que si on admet que la pratique des hommes peut créer une coutume qui à force devient loi, il serait logique d'accepter qu'elle puisse modifier celle-ci. La coutume est un moyen d'adapter le droit au fait, aux pratiques, et de protéger la société contre les mauvaises lois.

Les tribunaux n'ont pas plus admis ce type d'abrogation de la loi, pourtant il existe certaines exceptions au principe : la coutume peut déroger à une loi supplétive et dans certains cas exceptionnels à une loi impérative. Par exemple, en dépit de l'article 931 du Code civil, qui subordonne la validité d'une donation à la rédaction d'un acte notarié, les tribunaux admettent la régularité du don manuel. Ainsi dans les faits certains textes ont cessé définitivement d'être appliqués, démontrant que dans les litiges entre la loi et la coutume, ce n'est pas toujours la première qui l'emporte.

De même est-il admis que « l'erreur commune fait le droit » (qui est une de ces fameuse maximes souvent exprimées en latin « *error communis facit jus* »). Ainsi une erreur, lorsqu'elle est générale, inévitable et invincible, crée une règle de droit contraire à la loi ignorée. Par suite d'interprétation erronée d'une règle, les tribunaux vont produire une fausse règle qui paraîtra désormais la bonne.

Pour aller plus loin

Sujets portant sur des thèmes voisins

« La coutume »

« Commentez : « La coutume est une source de droit plus populaire que la loi »

« Les sources non textuelles du droit »

Lectures autour du thème

- N. Molfessis, « La tradition locale et la force de la règle de droit », *RTD civ.* 2002.181, n° 4.
- M. Salah, « L'usage contra legem », *LPA*, nov. 1991, n° 134.
- J.-L. Sourioux, « La croyance légitime », *JCP* 1982.I.3058.

THÈME 3

Les droits subjectifs

Sujet 11 : Commentaire

Article 9 du Code civil

« Chacun a droit au respect de sa vie privée »

L'article 9 affirme, sous forme de principe, l'existence d'un droit fondamental de la personnalité, celui du droit au respect de sa vie privée. La difficulté de l'exercice réside dans le fait que le commentaire de texte n'est pas une dissertation. La lettre du texte à commenter définit les limites. Il ne faut pas s'en éloigner. Mais le commentaire implique d'apprécier aussi le sens du texte en allant au-delà de sa simple expression formelle. Est-il cohérent avec l'ensemble du droit positif ? Est-il suffisant ? La frontière avec la dissertation est alors bien délicate. D'autant que dans l'exercice proposé l'article 9 du Code civil pourrait apparaître comme sujet de dissertation. Toute la difficulté est donc de ne pas trop s'éloigner du texte tout en appréciant son sens et sa portée.

La généralité et la concision de la formule imposent d'en analyser tous les termes. On peut proposer, ici quelques pistes éclairées par la jurisprudence abondante en la matière. En effet, l'article 9 pose un principe général. Son application reste tributaire de l'interprétation que les juges en font. Or la jurisprudence permet d'apprécier la portée de cet article. Tout en faisant une application large de l'article 9, conformément à la généralité de sa rédaction, les juges en ont tracé les frontières avec d'autres droits comme le droit du public à l'information.

– **Chacun** *: toute personne, connue ou inconnue, « publique » ou non.*

– **a droit** *: il s'agit d'un droit de la personnalité, qui en porte les caractères (incessible, intransmissible, insaisissable). La violation de ce droit entraîne des sanctions civiles comme pénales.*

– **au respect** *: toute personne a le droit de s'opposer à toute immixtion dans sa vie privée et à plus forte raison à toute divulgation d'éléments ainsi recueillis.*

– **de sa vie privée** *: la définition de cette notion est l'enjeu principal de la disposition. Elle détermine sa portée puisqu'il s'agit de l'objet de la protection. Pour recenser les différents éléments qui relèvent de la vie privée d'une personne, les notes de jurisprudence sous l'article 9 du Code civil sont fort utiles. Elles offrent toute une liste d'éléments composant la notion de vie privée. Cette liste a été progressivement étendue par la* *jurisprudence. Celle-ci a consacré le droit à l'image des personnes, droit de la personnalité autonome mais véritable prolongement du droit au respect de la vie privée.*

L'analyse des termes ne suffit pas à un réel commentaire. Il faut resituer le texte dans son contexte juridique, non seulement jurisprudentiel (comme procédé précédemment) mais aussi textuel. L'article 9 du Code civil, issu de la loi du 17 juillet 1970, n'est pas le seul à garantir le respect de la vie privée.

La généralité des termes invite à se demander si réellement il n'existe aucune limite au principe de protection de la vie privée. Si l'on veut rester proche du texte on peut donc très simplement envisager une partie sur le principe (1) et une seconde sur ses exceptions (2). Ce plan, qui peut paraître simple, ne doit pas être écarté pour cette même raison. Il a le mérite ici non seulement de répondre au sujet mais d'y correspondre dans sa clarté et sa simplicité. La qualité du travail de l'étudiant s'évaluera alors dans sa connaissance du phénomène jurisprudentiel qui a donné son sens et sa portée à ce droit au respect de la vie privée proclamé par l'article 9 du Code civil. La difficulté reste de ne pas s'éloigner du texte. Tous les éléments qui ne sont pas issus directement de sa lettre doivent être justifiés par l'éclairage qu'ils lui apportent.

Amours clandestines, adultères, maladies, grossesses ou autres revers de fortune... la vie privée de certains individus s'étale régulièrement dans la presse à scandale. Pourtant la loi est claire « *Chacun a droit au respect de sa vie privée* ».

Pendant longtemps la loi française ne s'est pas occupée de la vie privée dont la protection était le seul fait de la jurisprudence. Les tribunaux se situaient dans le cadre de l'article 1382 du Code civil qui nécessitait de prouver la faute, en l'occurrence l'intrusion dans la vie privée, et le dommage. Pourtant le droit à la vie privée était proclamé dans plusieurs textes : la Déclaration des droits de l'homme et du citoyen elle-même qui dispose dans son article 12 que « *Nul ne sera l'objet d'immixtions arbitraires dans sa vie privée* » ou la Convention européenne des droits de l'homme et des libertés fondamentales qui, dans l'article 8.1, reconnaît à « *Toute personne (le) droit au respect de sa vie privée et familiale, de son domicile et de sa correspondance* ».

La loi du 17 juillet 1970 tendant à renforcer la garantie des droits individuels des citoyens, a finalement consacré ce droit, intégré expressément à l'article 9 du Code civil. Ce texte en fait un principe fondamental assorti de mesures et de sanctions efficaces. D'autres textes viennent confirmer ce statut et protéger directement ou indirectement la vie privée. L'article 259-2 du Code civil, tel qu'il résulte de la rédaction de la loi du 11 juillet 1975 sur le divorce, écarte ainsi des débats les constats dressés « *lorsqu'il y a eu atteinte illicite à l'intimité de la vie privée* ». Le Code pénal sanctionne la violation du domicile privé, les écoutes téléphoniques, la prise de photographies clandestines, les diffamations, protège le secret de la correspondance... La loi du 6 janvier 1978, relative à l'informatique et aux libertés, rappelle que l'informatique ne doit pas porter atteinte à la vie privée.

Désormais, la loi sanctionne le fait de s'immiscer à l'insu d'une personne dans sa vie personnelle et de révéler ces informations sans son autorisation. Inversement il n'y a pas atteinte à la vie privée si la personne a autorisé la révélation d'éléments de sa vie privée. C'est bien un droit au respect, véritable droit de la personnalité qui est consacré. La victime n'a plus à prouver une faute mais la seule violation de son droit. L'importance accordée à ce droit s'affirme par la généralité de la formulation de l'article 9, son interprétation extensive par la jurisprudence, sa garantie par des conventions internationales, et son renforcement par une protection pénale.

Mais la vie privée reste difficile à protéger notamment pour certaines personnes, artistes de cinéma, vedettes du show-business, personnalités politiques... c'est-à-dire toutes celles qui tirent leurs revenus, ou partie, de leur célébrité, de leur image de marque, de leur reconnaissance par le public. La frontière avec leur vie privée est plus ténue que pour les personnes ne menant aucune vie publique et leur droit à la vie privée peut alors entrer en conflit avec un autre droit, celui du public à l'information et la liberté de la presse. La jurisprudence a dû trouver un point d'équilibre entre eux en définissant la notion d'atteinte à la vie privée et en adaptant les sanctions. C'est elle qui fixe la portée du droit au respect de la vie privée (1) et assure l'efficacité de sa protection (2).

1 • L'AFFIRMATION D'UN PRINCIPE GÉNÉRAL DU DROIT AU RESPECT DE LA VIE PRIVÉE

« *Chacun a droit au respect de sa vie privée* ». C'est en ces termes simples et généraux que le législateur a consacré le principe de la protection de la vie privée. Les tribunaux, chargés de l'application de l'article 9 du Code civil, n'ont pas hésité à en généraliser la portée quant aux titulaires du droit (A) et à étendre son contenu (B).

A - La portée générale du droit au respect de la vie privée

Toute personne a droit au respect de sa vie privée. La généralité du terme indique qu'il ne faut pas distinguer notamment selon la qualité de la victime, personne privée anonymes ou célébrité. De fait les dispositions de l'article 9 s'appliquent plus souvent en faveur des personnages de la vie publique ou mondaine, qu'à l'égard de l'homme de la rue, car la révélation de sa vie privée intéresse moins, voire pas du tout, le public et donc la presse. Artistes, sportifs et autres princesses sont plus fréquemment menacés dans leur vie privée et atteints dans leur droit. Cela n'empêche pas les simples particuliers qui peuvent au hasard des circonstances se trouver sur le devant de la scène publique, d'invoquer le bénéfice de l'article 9 du Code civil (photographie utilisée à but publicitaire, film inspiré de faits réels). Les tribunaux témoignent d'une volonté de respecter la généralité de l'article 9 en l'appliquant à toute personne se plaignant d'une atteinte à sa vie privée, sans tenir compte de la personnalité, ni du mode de vie de la victime.

La protection de la vie privée doit-elle être limitée à la vie en milieu privé (domicile, travail) ou être étendue également au cas où une personne se trouve dans un milieu public (rue, salle de spectacles, plage...) ? *A priori,* on pouvait penser que seuls les comportements en milieu privé méritaient d'être protégés. La jurisprudence a toutefois refusé de restreindre la portée de la protection en rejetant toute distinction. La vie privée des personnes est protégée quel que soit l'endroit où elles se situent, même s'il s'agit d'un lieu public. La difficulté réside alors dans la qualification des lieux car si certains lieux sont clairement privés (foyer familial, chambre d'hôtel...), et d'autres publics, certains peuvent être plus ambigus. Selon la jurisprudence, doit être qualifié de public le lieu accessible à tous, sans autorisation spéciale de quiconque, que l'accès en soit permanent et inconditionnel ou subordonné à certaines conditions. Dès lors que des conversations privées peuvent être tenues dans un lieu, cela le privatise (cantine d'entreprises, vestiaires...).

Ainsi même si une personne mène une vie publique et est aperçue dans un lieu public elle conserve le droit au respect de sa vie privée. Mais comment peut-on considérer qu'il s'agisse dans ces conditions de vie privée ? Peut-on avoir une vie privée en public ? Tout dépend de l'activité que l'on y exerce. Pour les tribunaux la notion de « vie privée » recouvre les activités étrangères à la vie publique c'est-à-dire celles qui sont poursuivies aussi bien dans un lieu public que dans un lieu privé. Cette définition négative de la vie privée n'est pas suffisante : il ne suffit pas de savoir qu'elle recouvre tout ce qui ne relève pas de la vie publique, il faut en déterminer le contenu, objet de la protection.

B - La conception extensive de la vie privée

La loi, en ne définissant pas de façon précise et définitive la notion de vie privée, a permis aux tribunaux d'en préciser progressivement les éléments. Le domaine de la vie privée est parfois malaisé à délimiter. Il comprend sans difficulté tout ce qui concerne sa vie amoureuse, familiale et les aspects non publics de sa vie professionnelle et de ses loisirs. Cette énumération a été confirmée par une jurisprudence abondante et complétée au fur et à mesure des actions. Font partie de la vie privée, l'identité, la vie sentimentale, l'état de santé, la maternité, les mariages ou divorces (même simples projets), la sexualité, la maternité ou la paternité, la pratique religieuse...

La notion de vie privée se révèle dynamique car la liste des éléments en faisant partie s'allonge toujours. L'état de fortune en est une illustration. La Cour de cassation a d'abord posé comme principe qu'il n'entrait pas dans le champ de la vie privée. Mais la Cour européenne des droits de l'homme, qui a le dernier mot en matière de droits de l'homme, considère quant à elle, que le patrimoine entre dans le champ de la vie privée, sauf circonstances particulières tenant à l'exercice d'une activité publique de son titulaire.

La Cour européenne elle-même développe la notion de vie privée au sens de l'article 8 de la Convention européenne des droits de l'homme. Elle considère ainsi qu'elle peut englober les activités professionnelles ou commerciales instaurant un flou dans la distinction entre vie professionnelle et vie privée (*CEDH, 4 mai 2000*). Dans ce sens la jurisprudence française considère que l'employeur n'est pas autorisé à demander des informations relevant de la vie privée au salarié lors de son embauche, sauf si cela est dans son intérêt (par exemple si la personne est handicapée). De même, il ne peut licencier le salarié sur un motif relevant de sa vie privée, sauf si cet élément personnel lui cause un trouble caractérisé (*Cass. soc., 17 avril 1991*). La Cour de cassation a étendu ce droit au respect de l'intimité de la vie privée du salarié même sur son lieu de travail. Elle a affirmé que l'employeur ne peut prendre connaissance des messages personnels émis et reçus grâce à un outil informatique. C'est dire que les courriers électroniques personnels, même reçus ou envoyés depuis le lieu de travail, restent dans la sphère de la vie privée qui échappe au contrôle de l'employeur (*Cass. soc., 2 octobre 2001*).

Dans le même temps, le développement des techniques permet de recueillir de plus en plus facilement des informations relatives à la vie privée des personnes (téléobjectifs de plus en plus puissants par exemple). C'est aux tribunaux qui sanctionnent ces atteintes qu'il appartient de maintenir l'efficacité de la protection offerte par l'article 9.

2 • LA RECHERCHE D'UNE PROTECTION EFFICACE DE LA VIE PRIVÉE

L'affirmation générale d'une protection de la vie privée ne suffit pas si celle-ci n'est pas efficace. La vie privée ne sera respectée et protégée que si toutes les atteintes qui lui sont portées font l'objet de sanctions adaptées (A) mais d'aucune justification possible. C'est alors méconnaître l'existence de droits concurrents, d'importance équivalente et certaines circonstances de fait particulières. Si ces considérations peuvent conduire à admettre des atténuations au droit au respect de la vie privée, la garantie de ce dernier passe par leur limitation (B).

A - La mise en place de sanctions spéciales des atteintes à la vie privée

Les sanctions civiles ont pour but la cessation de l'atteinte et la réparation du préjudice subi. L'article 9 prévoit des sanctions particulières au non-respect du droit à la vie privée. Son alinéa 2 permet au juge de « *prendre toutes mesures, telles que séquestre, saisie ou autres (suppression de certaines séquences d'un film), de nature à faire cesser une atteinte à l'intimité de la vie privée. S'il y a urgence ces mesures sont prises selon la procédure du référé* ». Ces mesures exceptionnelles portent atteinte à la liberté d'expression et de la communication par voie de presse en conduisant à la saisie d'un journal ou son interdiction de diffusion. Elles ne peuvent intervenir qu'en cas d'atteinte « *d'une gravité telle qu'elle soit intolérable et irréparable, notamment, par l'allocation ultérieure de dommages-intérêts* ». Il faut arriver à concilier deux droits d'importance équivalente, le droit au respect de la vie privée et le droit à l'information.

On peut noter également que si de telles mesures sont parfois prononcées, elles se heurtent souvent à une difficulté d'ordre pratique qui est de pouvoir procéder à la saisie de tous les exemplaires de la publication non encore vendus, dans tous les points de vente. C'est poser la question de la possible réparation d'une atteinte à la vie privée. Comment réparer un tel préjudice ? La loi prévoit l'octroi de dommages et intérêts sur le double fondement des articles 9 alinéa 1 et 1382 du Code civil. Les atteintes étant établies il y a faute pour violation d'un droit. Le préjudice reste ensuite à être évalué. Il l'est en fonction de plusieurs facteurs comme la gravité de l'atteinte, l'audience de la publication, et l'attitude passée de l'individu à l'égard de ce type d'atteinte. La réparation pécuniaire n'est pas satisfaisante à un double titre : elle intervient après la divulgation et elle a un effet pervers dans la mesure où elle peut inciter certains au procès dans un but lucratif. Ces sanctions civiles paraissent encore plus vaines quand on sait que les éditeurs prévoient dans leur budget le coût des procès qu'ils subodorent. Il en restera ainsi tant que les sanctions ne seront pas réellement dissuasives.

La dissuasion est une des finalités poursuivies par les sanctions pénales. C'est pourquoi, l'article 9 a été complété par des dispositions pénales. L'article 226-1 du Code pénal sanctionne, au titre des atteintes à la personnalité, l'atteinte à la vie privée. Il punit d'un an d'emprisonnement et de 45 000 euros d'amende la captation de paroles prononcées à titre privé ou confidentiel et le fait de fixer, enregistrer ou transmettre l'image d'une personne sans son consentement. L'article 226-2 alinéa 2 prévoit la possibilité d'une autorisation tacite puisqu'il présume le consentement des intéressés quand les actes incriminés ont été accomplis à leur vu et su sans qu'ils s'y soient opposés. Les dispositions pénales ne sanctionnent les atteintes portées au droit au respect de la vie privée que si elles ont été réalisées selon certaines modalités : enregistrement, captation d'images ou de paroles à l'insu de la personne. Elles ne sont donc pas systématiques mais exceptionnelles.

Seules certaines circonstances peuvent justifier une atteinte à la vie privée. Mais pour conserver sa valeur de principe, le droit consacré par l'article 9 du Code civil ne doit souffrir que d'atténuations limitées.

B - Une interprétation restrictive des exceptions au droit au respect de la vie privée

La généralité de l'article 9 conduit à n'admettre que restrictivement des exceptions. Celles-ci renvoient en réalité à la définition de la vie privée et à la difficulté à établir une frontière entre vie privée et vie publique. Que peut-on publier d'une personne, à titre d'information, sans basculer dans l'indiscrétion qui est sanctionnée par l'article 9 ? La jurisprudence a dû faire cohabiter deux droits, le droit au respect de la vie privée et le droit à l'information du public. Elle a retenu la primauté du premier. En principe, on ne peut invoquer le souci d'information pour justifier la divulgation d'éléments relevant de la sphère privée. Cette divulgation est toujours subordonnée à une autorisation expresse et spéciale. Seule exception, les tribunaux considèrent que l'autorisation devient tacite pour les personnes publiques se trouvant dans un lieu public et dans l'exercice de leur activité publique (homme politique en campagne électorale, artistes à une soirée de promotion...). Mais sommes-nous encore dans la sphère de la vie privée ? Les critères de qualité de la personne, en terme de notoriété, de lieu et d'activité servent à déterminer la délicate frontière entre les deux secteurs de la vie publique ou privée, entre fait personnel et information. Mais si les critères sont connus, leur appréciation n'en est pas pour autant toujours aisée. Qu'en est-il par exemple de la maladie d'un président de la République ? De plus, les événements relatés ne doivent l'être que dans un seul but d'information, à l'exclusion de toute autre utilisation.

La frontière entre la vie privée et la vie publique est délicate à tracer, d'autant que ce qui ressortit de la vie privée peut être licitement révélé par voie de presse en présence de faits justificatifs qui ont été progressivement dégagés par la jurisprudence. Hormis le consentement de la personne représentée, il existe trois faits justificatifs faisant prévaloir le droit à l'information sur le droit au respect de la vie privée : l'information légitime du public, le caractère anodin de l'élément révélé ou parfois l'existence d'une divulgation antérieure. Si un élément de la vie privée est en rapport suffisamment étroit avec un sujet d'intérêt général, ou d'actualité, ou culturel il peut être diffusé licitement par voie de presse. Ainsi en est-il du mariage ou d'une naissance dans une famille régnante qui concerne l'intérêt général en raison de ses conséquences dynastiques (*Cass. civ. 2e, 19 févr. 2004*). La Cour de cassation considère également que les faits anodins (telles des digressions sur des détails comme la vaisselle ou le papier de la chambre d'un enfant à venir) échappent à l'emprise de l'article 9 du Code civil. Toute la difficulté réside dans l'appréciation du caractère anodin des faits révélés. La Cour estime que le rappel d'une liaison antérieure au mariage annoncé n'a pas un caractère anodin et constitue une atteinte à la vie privée. En revanche, des faits notoires (à propos d'une naissance à venir alors que la mère est apparue à différentes manifestations officielles sans cacher sa grossesse) échappent aussi au jeu de l'article 9. un dernier fait justificatif réside parfois dans la redivulgation d'un fait. La jurisprudence considère qu'un élément de vie privée déjà révélé par l'intéressé ne pouvait être repris sans son autorisation dans un article de presse. Elle consacre le droit à l'oubli. Cependant les tribunaux ne reconnaissent pas « en toutes circonstances un pouvoir discrétionnaire de s'opposer à la redivulgation ». Ils apprécient si les nécessités de l'information ne légitiment pas une redivulgation « sans faute ni abus ».

Pour aller plus loin

Sujets portant sur des thèmes voisins

« Le droit au respect de la vie privée (dissertation et non commentaire de l'article 9 du Code civil) »

« Les sanctions des atteintes portées au droit au respect de la vie privée »

« Droit au respect de la vie privée et droit à l'information »

Lectures autour du thème

– B. Edelman, « La dignité de la personne humaine, concept nouveau », *D.* 1997, chron. p. 185.

– D. Lefranc, « L'auteur et la personne (libres propos sur les rapports entre le droit d'auteur et les droits de la personnalité) », *D.* 2002, chron. p. 1926.

– G. Loiseau, « La crise existentielle du droit patrimonial à l'image », *D.* 2010, chron. p. 451.

Sujet 12 : Cas pratique

Marc

Marc a enfin obtenu son permis de conduire. Il y a quinze jours il a fêté son succès avec des amis toute la nuit. Ils ont tous bu plus que de raison et ses souvenirs sont confus sur la fin de soirée. Ce matin, il a été réveillé en sursaut par sa mère qui hurlait. Elle a découvert dans son hebdomadaire préféré une photo de son fils, debout sur le capot d'une voiture, une bouteille à la main et à moitié nu. La photographie illustrait un article sur les méfaits de l'alcool chez les jeunes. Depuis, le téléphone de Marc n'arrête pas de sonner : ce sont ses amis qui se moquent de lui. Parmi les messages, il reçoit celui de son amie Clara qui fait des études de droit. Elle lui indique qu'elle a vu en cours que l'on n'a pas le droit de publier l'image d'une personne sans son autorisation et qu'il pourrait obtenir des dommages et intérêts de la part du magazine. Marc est bien décidé à profiter de la situation pour gagner un peu d'argent. Pensez-vous qu'il puisse obtenir satisfaction ?

Un hebdomadaire a publié un article sur les méfaits de l'alcool chez les jeunes. Cet article était illustré d'un cliché de Marc. Celui-ci souhaite obtenir une réparation pécuniaire de la diffusion de son image.

La question est de savoir dans quelle mesure il est possible d'utiliser l'image d'une personne dans un article de presse. En principe, toute personne a le droit au respect de son image. Même réalisée dans un lieu public, la prise et l'utilisation de l'image d'autrui nécessitent une autorisation.

Toutefois la jurisprudence admet que l'image d'une personne impliquée dans un débat de société peut être publiée librement sous la seule réserve du respect de la dignité de celle-ci. Il faut alors vérifier si la photographie de Marc répond à ces deux conditions. Il ne pourrait obtenir réparation que si ce n'était pas le cas.

1 • L'ILLUSTRATION D'UN DÉBAT DE SOCIÉTÉ

Si le droit à l'image, par extension du droit au respect de la vie privée, signifie que toute personne peut s'opposer à ce que son image soit reproduite et publiée sans son autorisation par des tiers, les tribunaux ont vite considéré que les besoins de l'information justifiaient la publication de la photographie d'une personne.

Les nécessités de l'information ont d'abord justifié la publication de la photographie d'une personne sans son consentement lorsqu'elle est impliquée dans un événement d'actualité qu'il s'agit d'illustrer. Puis la Cour de cassation, dans un arrêt du 4 novembre 2004 dont les faits ne sont pas sans rappeler le cas de Marc, a élargi la liberté de l'image en étendant l'exception du droit à l'information du public. Selon la Cour, le droit du public à être informé justifie également la reproduction de l'image d'une personne dans le cadre de l'illustration d'un dossier présentant un phénomène de société. La Cour de cassation considère en effet que « le principe de la liberté de la presse implique le libre choix des illustrations d'un débat général de phénomène de société » (*Cass. civ. 2e, 4 nov. 2004, n° 03-15397*).

En l'espèce, il s'agissait d'illustrer un débat de société sur « les méfaits de l'alcool chez les jeunes ». Le contexte dans lequel l'image a été publiée était légitime. De même, on ne peut nier l'adéquation entre l'image (la photo de Marc) et le sujet de l'article. Ces deux éléments établis, le droit à l'information du public risque de l'emporter sur le droit à l'image de Marc.

Toutefois la liberté de publication d'une image illustrant un débat de phénomène de société n'est pas totale. Elle ne doit pas porter atteinte à la dignité de la personne.

2 • L'ATTEINTE À LA DIGNITÉ DE LA PERSONNE

Marc pourrait invoquer une atteinte à la dignité de sa personne par le caractère dégradant ou indécent de la représentation de sa personne. En effet, tout en reconnaissant aux journalistes le libre choix des photographies pour illustrer leurs reportages, qu'ils soient d'actualité ou généralistes, la Cour de cassation condamne les photographies « choc » qui ne respectent pas l'intégrité morale des personnes. Elle opère un contrôle du respect de la dignité des personnes représentées pour autoriser ou non la divulgation, sans leur consentement, de leur image. Si la photographie est « dégradante pour la personne et n'ajoute rien à la libre et nécessaire information délivrée par le texte », l'autorisation redevient nécessaire à sa diffusion.

Cette exigence de respect de la dignité de la personne est garantie par l'article 16 du Code civil selon lequel « *La loi assure la primauté de la personne (et) interdit toute atteinte à la dignité de celle-ci* » et aux dispositions de la loi sur la liberté de communication qui prévoit que si la communication est libre, son exercice peut être limité, entre autres, par le respect de la dignité de la personne humaine.

Le recours au principe de dignité n'est pas nouveau. Cependant, il est relativement récent et d'utilisation restreinte. Ce principe a été utilisé lors de la très médiatique affaire *Erignac* (*Cass. civ. 1re, 20 déc. 2000*) : le cliché représentant le corps et le visage du préfet de Corse assassiné, gisant sur la chaussée a été considéré comme attentatoire à sa dignité.

Mais la Cour de cassation a développé une conception restrictive de la notion de dignité. Elle considère que la seule posture de la personne ne suffit pas pour considérer la photographie indécente. La justification de la photographie par le droit du public à l'information, conçu largement, se traduit par un recul des limites du droit à la dignité.

Ainsi la Cour a-t-elle, dans plusieurs décisions, écarté ce grief, précisant que l'image reproduite ne porte pas atteinte à la dignité de la personne humaine lorsqu'elle est dépourvue de recherche de sensationnel et de toute indécence. En revanche, la dignité est atteinte quand il y a recherche de sensationnel (situation ridiculisante par exemple) ou représentation indécente de la personne identifiée ou facilement identifiable (visage terrifié, hébété ou torturé par la douleur, nudité...).

En l'espèce, la photographie représente Marc à moitié nu, ce qui est, si ce n'est sensationnel, ridiculisant pour lui. L'atteinte à sa dignité est caractérisée, il pourra obtenir réparation.

Sujet 13 : Cas pratique

Nom de famille

Deux amies se sont rencontrées pendant leurs études. Reçues au baccalauréat les deux amies prennent des orientations différentes. La première Rosalinde de la Case de Lahuchette s'oriente vers le droit tandis que son amie Annabelle Putain s'engage vers une carrière journalistique.

À la fin de leurs études, elles sont toujours amies, la première est devenue avocate et la seconde journaliste. Annabelle au moment de signer son premier contrat à durée déterminée appelle son amie pour lui poser les questions suivantes :

- A-t-elle le droit de prendre un pseudonyme pour s'épargner les quolibets qui accompagnent toujours son nom ? Ainsi elle espère ne plus utiliser son terrible nom de famille

- A-t-elle la possibilité de changer de nom, est ce que cette démarche est encore utile si elle prend un pseudonyme ? Elle pensait prendre le nom de Mme Muta.

Rosalinde lui donne rendez-vous pour lui répondre et en même temps lui explique qu'elle aussi est confrontée à un problème quant à l'utilisation de son nom de famille. Son frère Arnaud de la Case de Lahuchette a repris l'exploitation du domaine viticole familial, très renommé. Il déposé le nom ACL – Arnaud de la Case de Lahuchette – au titre de marque. Ensuite, il a créé une société organisatrice de tourisme œnologique et a accepté qu'elle soit dénommée ACL pour valoriser la production des vignobles de sa famille. Il vient de téléphoner à sa sœur, l'avocate de la famille, car il est en litige avec ses associés. À la suite d'un désaccord sur la politique à conduire pour la conquête du marché chinois du vin de luxe, son frère est en conflit avec ses associés, ces derniers sont majoritaires, ils veulent l'évincer de la société et garder la marque ACL. Son frère lui demande si cela est possible. Plus précisément, il lui demande :

- Est-ce que son consentement de fondateur de la société lui a fait perdre ses droits sur leur nom de famille ?

- Est-ce que le dépôt de leur nom au titre d'une marque lui permet de garder l'utilisation de leur nom de famille ?

En riant, Rosalinde dit à son amie qu'elle va sans doute se spécialiser dans la protection du nom de famille.

D'après vous quelles sont les réponses qu'elle va apporter à son amie Annabelle et à son frère ?

Pour répondre à un cas pratique, il faut essentiellement faire application du syllogisme judiciaire. Il n'est donc pas indispensable de rédiger une introduction. En revanche il faut lire avec attention le sujet pour y trouver tous les éléments déterminants à la résolution du cas.

En l'espèce deux questions de droit distinctes s'imposent. La première concerne l'usage d'un pseudonyme et les conditions du changement de nom par décret. La seconde concerne l'utilisation commerciale du nom de famille. Cela laisse apparaître un plan évident. D'abord le changement de nom, ensuite l'utilisation commerciale du nom de famille. Souvent les cas pratiques sont des questions de cours déguisées, il faut y répondre en tenant compte des éléments du fait du cas.

La situation de l'amie de Rosalinde est très différente de celle de son frère. Elle porte un nom dont la connotation est insupportable pour une femme voulant avoir une carrière de journaliste. Elle peut user d'un pseudonyme, mais changer de nom reste une solution intéressante. Le frère de Rosalinde est confronté à l'utilisation commerciale de son nom de famille et toute la question est de savoir s'il a fait ce qu'il fallait pour garder le contrôle de son nom.

1 • LE CAS D'ANNABELLE

Il faut répondre aux deux questions qu'elle pose. D'abord a-t-elle le droit de prendre un pseudonyme ? Ensuite, peut-elle changer de nom par décret ?

A - Le pseudonyme d'Annabelle

Rosalinde lui explique que oui, elle peut prendre un pseudonyme, un nom de plume. Elle lui précise deux choses.

Premièrement, elle doit faire attention à son choix car elle ne doit pas porter préjudice aux porteurs du nom choisi en guise de pseudonyme. Par suite, le mieux est d'inventer un nom original ou de prendre soin de vérifier qu'elle ne porte pas préjudice aux porteurs du nom.

Deuxièmement, elle explique à Annabelle qu'elle peut l'utiliser comme journaliste et écrivain. Elle lui précise encore que ce pseudonyme lui est personnel et ne changera rien à l'usage obligatoire de son nom de famille à la vie civile. Dans tous les actes de la vie civile elle sera obligée d'utiliser le nom de Putain (Art. 4 loi 6 fructidor An II). Elle ne peut pas transmettre son pseudonyme à ses enfants. Néanmoins ces derniers pourront prendre le nom de leur père car la filiation se transmet par filiation.

Bref prendre un pseudonyme ne remplace pas le changement d'un nom.

B - Le changement de nom de famille d'Annabelle

Oui la démarche pour changer de nom reste utile même avec le recours à un pseudonyme.

Oui elle peut demander de changer de nom de famille par décret mais à des conditions strictes et suivant une procédure précise.

Pour pouvoir changer de nom Annabelle doit recourir aux articles 61 et suivants du Code civil. Il faut qu'elle démontre un intérêt à demander la conversion du nom de Putain en Muta. Compte tenu de la connotation négative attachée à son nom, particulièrement pénible pour une femme, cette démonstration ne devrait pas poser de grandes difficultés. Il faut qu'elle fasse la demande personnellement. Le décret du 20 janvier 1994 précise les modalités de cette demande.

Avant même de faire cette demande, elle doit faire procéder à la publication au Journal officiel de la République française et dans un journal d'annonces légales de l'arrondissement où elle habite d'une insertion comportant son identité, son adresse. Dans les deux mois qui suivent cette publication, toute personne intéressée peut faire opposition devant le Conseil d'État (art. 61-1, al. 1, C. civ.). Cette personne, le plus souvent, porte le nom qui est sollicité, pour Annabelle, l'opposition pourrait venir d'une personne dénommée Muta ou d'un nom similaire. Rosalinde va expliquer à Annabelle qu'en cas d'opposition, le Conseil d'État apprécie la légitimité des intérêts en présence et prend en considération le risque de confusion entre les noms, d'atteinte à l'image du nom d'une famille connue.

La demande de changement de nom est adressée au garde des Sceaux, ministre de la justice. Elle doit exposer les motifs qui fondent la demande. Le nom souhaité en remplacement du nom d'origine doit être indiqué. Il faudra donc démontrer les inconvénients qu'il y a à s'appeler Putain pour une femme dans un métier de communication comme le journalisme et solliciter la transformation de ce nom en Muta. Pour l'instant, elle n'a pensé qu'au nom « Muta », elle ne propose qu'un nom, mais si jamais, l'imagination lui venait, elle pourra proposer d'autres noms, il faudra les proposer par ordre de préférence. La demande doit être accompagnée de certaines pièces : la copie de l'acte de naissance d'Annabelle, la preuve de sa nationalité française. Elle doit également fournir le bulletin n° 3 de son casier judiciaire, une fiche d'état civil et un exemplaire de la publication faite dans les journaux préalablement.

Le ministre instruit la demande et une décision ne peut intervenir que dans les deux mois de la demande. La demande d'Annabelle semble justifiée, il a de grandes chances de la voir accepter. Le nom qu'elle demande est assez courant pour qu'il n'y ait pas d'opposition ou qu'elle soit rejetée. Si le changement de nom est accepté, il s'étend de plein droit à ses futurs enfants. Le changement acquis, il fait l'objet d'une publication au Journal Officiel et mention est portée en marge des actes de l'état civil d'Annabelle.

2 • LE CAS D'ARNAUD

La question de la qualification du nom de famille en nom commercial est une question classique. Arnaud se trouve confronté à la protection de son nom de famille.

Rosalinde va devoir expliquer à son frère la différence entre la jurisprudence Bordas de 1985 et la jurisprudence Ducasse de 2003.

L'élément essentiel tient dans le dépôt de son nom en tant que marque. Grâce à ce dépôt il garde le contrôle de son nom de famille même en l'utilisant comme nom commercial.

Pour répondre à la première question : oui donner son nom de famille pour nommer une société implique de prendre le risque de perdre l'usage commercial de son nom. Si le frère de Rosalinde n'avait pas déposé la marque sur son nom, effectivement, son nom patronymique aurait pu être requalifié de nom commercial. Utiliser son nom de famille pour la dénomination sociale d'une société en tant que fondateur change la nature juridique du nom patronymique. Ce dernier n'est plus un élément d'individualisation de la personne physique dépourvu de valeur commerciale et protégé comme un des droits de la personne. Insérer son nom dans la dénomination sociale de la société que l'on créé, en application de la jurisprudence Bordas, transforme le nom de famille en nom commercial doté d'un régime qui lui est propre. Il devient un élément patrimonial de son titulaire ; il peut faire l'objet de contrat. S'il est affecté à une société, la dénomination sociale appartient à cette dernière et même si le titulaire du nom de famille à l'état civil perd le contrôle de la société il ne peut pas récupérer l'usage commercial de son nom. La dénomination sociale appartient à la société définitivement. Le titulaire du nom ne peut même plus l'utiliser comme nom commercial pour exploiter des activités commerciales similaires sans fausser la concurrence. Par conséquent, si Arnaud n'avait pas pris soin de déposer son nom comme une marque commerciale dont il garde le contrôle, la propriété, il aurait perdu l'usage commercial de son nom de famille symbole de la marque du vin de sa famille.

Pour répondre à la deuxième question : oui, le fait d'avoir déposé son nom – Arnaud de la Case de Lahuchette – ACL – en tant que marque lui permet de garder le contrôle de son nom de famille en application de la jurisprudence Ducasse. Du coup, la portée du consentement d'Arnaud pour faire de son nom la dénomination sociale de la société n'est plus la même. Il ne s'agit plus de céder l'usage de son nom de famille. Il s'agit de gérer l'exploitation commerciale de son nom en tant que marque. À ce titre, il reste maître de son nom et pose les conditions de son exploitation. Il peut autoriser à l'utiliser comme dénomination sociale sans pour autant transmettre la propriété de son patronyme à la société et en perdre le contrôle. Il peut reprendre son nom en tant que marque et priver la société de cette dénomination, mais il peut également négocier au prix fort (y compris en imposant ces conditions qualitatives quant à la conquête du marché chinois) l'autorisation d'exploiter la marque que son nom représente.

Pour aller plus loin

Sujets de dissertation portant sur des thèmes voisins :

La protection du nom »

« Le changement de nom »

Lectures autour du thème :

- F. Asorla et J. Pailhes, « Atteinte au nom et liberté d'expression », *D.* 2009, chron. 2375
- F. Pollaud-Dulian, « L'utilisation du nom patronymique comme nom commercial », *JCP* 1992. I.3618.

Sujet 14 : Cas pratique

Famille Discret

La famille Discret est installée depuis plusieurs générations en Bretagne. Le père, Paul, âgé de 65 ans était, jusqu'à janvier 2012, président du conseil d'administration (CA) de la Société Paper and co, SAS familiale, produisant de la pâte à papier. Depuis le 1er janvier dernier son fils Pierre le remplace comme président du CA. Il a fait de brillantes études de commerce et il travaille dans la SAS Paper and co depuis deux ans. Jeanne, la femme de Paul est âgée de 64 ans. Paul et Jeanne ont eu deux fils. Pierre qui a pris la suite de son père et qui est célibataire. Jacques qui est ingénieur en télécommunication et qui travaille dans une entreprise TelCom comme cadre supérieur. Il s'est marié jeune à Christine et ont une fille, Marie, qui vient de fêter ses 17 ans. Marie a longtemps été malade, elle était atteinte de mucoviscidose. Par chance, alors qu'elle était au plus mal, elle a pu obtenir une greffe du poumon l'an dernier. La greffe a bien pris et elle revit.

Plusieurs événements récents sont venus troubler la tranquillité et la discrétion légendaire de la famille Discret ces derniers temps. Pierre et Jacques ont pris rendez-vous chez leur avocat pour voir ce qu'il est possible de faire pour protéger la vie privée de leur famille.

1° Il y a trois ans, Marie avait participé au Téléthon. Elle avait été prise en photo sans y prêter attention car elle était fatiguée par sa maladie et sa participation à l'émission télévisée l'épuisait. Elle n'a donc pas donné son autorisation à la photo, pas plus que ses parents. À la grande surprise de ses parents, la photo de Marie figure dans son manuel de science de la vie et de la terre au chapitre « Les chromosomes et les gênes ». La photo entend illustrer les maladies neuromusculaires et l'éditeur est allé chercher des photos prises lors du Téléthon. Marie se sent guérie, elle ne veut pas que l'on sache qu'elle a été si malade or sur la photo on ne voit qu'elle et elle est parfaitement reconnaissable.

Jacques demande ce qu'il peut faire pour protéger sa fille, sachant que le juriste de son entreprise lui a dit que la participation de Marie à l'émission télé valait autorisation de la diffusion de son image. Selon lui toute démarche est inutile. Quelle doit être la position de l'avocat de la famille Discret ?

2° Jacques rencontre lui aussi des problèmes. Son entreprise TelCom connaît des difficultés en raison de l'introduction sur le marché d'un nouveau concurrent très agressif. Du coup, la direction décide de licencier une centaine de salariés. L'affaire fait grand bruit dans la région car son entreprise est le principal pourvoyeur d'emplois. Le quotidien local vient de sortir un article provocateur sous le titre « Les cadres s'enrichissent, les salariés trinquent ! » Dans l'article, lui et cinq de ses collègues, cadres comme lui, sont nommément dénoncés en raison de leurs gros salaires et surtout la multiplication par trois de leurs salaires depuis cinq ans. Il a déjà été pris à partie, il estime qu'il y a atteinte à sa vie privée. Ses collègues ont renoncé à toute action, car le juriste de son entreprise (toujours lui !) leur a dit que les salaires et le patrimoine n'entrent pas dans le domaine de la protection de la vie privée. Jacques pose quand même la question de savoir s'il peut agir à son avocat.

3° Pierre quant à lui a pris rendez-vous avec l'avocat de la famille pour des faits qui concerne son père et l'avenir de la société familiale. Pierre est désormais président du conseil d'administration de la SAS Paper and co. Il a remplacé son père, Paul, plus vite que prévu car ce dernier est atteint de la maladie d'Alzheimer. Son état s'est dégradé, il y a un an et il est placé en curatelle depuis le mois de septembre 2011. Pierre a agi en nullité d'une opération de remboursement anticipée du passif de la société (opération décidée le 4 octobre 2011), car son père quand il a agi était déjà placé en curatelle et il n'avait pas pu valablement prendre cette décision. À l'appui de sa demande, il produit des certificats médicaux et ordonnances justifiant la curatelle et l'incapacité de son père de prendre cette décision. Sa mère, Jeanne, est furieuse contre lui car elle cache soigneusement l'état de son mari à tous. Elle l'a attaqué pour violation de la vie privée et considère qu'il ne pouvait pas se servir des certificats médicaux et ordonnances. Jacques entend se défendre et il se demande quelles sont ses chances de succès.

4° La maladie de Paul pose beaucoup de difficultés à la famille Discret. Paul est une figure locale pour avoir longtemps dirigé une entreprise employant un personnel nombreux. Patron exemplaire, il était très apprécié. Or le médecin de famille qui suit Paul depuis des années, projette de publier un livre relatant l'évolution de la maladie d'Alzheimer et le lent déclin de Paul. Avertis par le buraliste de leur quartier, Jacques et Pierre voudraient empêcher cette publication et ils demandent conseil à leur avocat.

La rédaction d'une introduction n'est pas obligatoire pour résoudre un cas pratique. Lorsque le cas comporte des questions il faut répondre à chaque question. La réponse doit reposer sur la mise en œuvre du syllogisme judiciaire. Il faut donc qualifier le problème de droit qui se cache derrière les faits. Ensuite, il convient de déterminer la règle de droit applicable puis de la confronter aux faits afin de trouver la solution. Une bonne connaissance de son cours et des exemples de jurisprudence fournie par le Code civil est nécessaire pour résoudre le cas. La réponse doit toujours être argumentée, elle doit mettre en valeur le syllogisme pratiqué. Pour répondre, l'utilisation du Code civil est fortement recommandée car elle permet de trouver des jurisprudences intéressantes pour argumenter.

La famille Discret manque de chance elle qui estime que pour vivre heureux, il faut vivre caché, elle se retrouve confrontée à de nombreuses atteintes à sa vie privée et à l'image. Heureusement pour elle, l'article 9 du Code civil protège la vie privée et le droit à l'image. Il faut donc envisager comment l'application de cet article à la lumière de la jurisprudence permet de protéger la vie privée de la famille Discret.

1° En premier lieu, il convient d'étudier comment protéger le droit à l'image de Marie. En effet, c'est son droit à l'image qui est en cause. Or cette protection est devenue autonome en se détachant de la vie privée en raison de l'importance accrue de l'image dans notre société. Il reste que c'est toujours l'article 9 du Code civil qu'il convient d'appliquer. Cet article dispose « *Chacun a droit au respect de sa vie privée* ». En l'espèce, c'est la photo de Marie qui est diffusée, mais la jurisprudence a appliqué depuis longtemps l'article 9 à la protection de l'image. Elle a même mis en évidence un régime particulier. Il faut donc analyser la situation de Marie pour savoir ce qu'il en est.

La position du juriste d'entreprise, collègue de Jacques, peut semer le doute. En effet, la participation au Téléthon peut être un argument utilisé par l'éditeur pour se défendre. Marie a participé à l'émission pour sensibiliser le public sur sa maladie et assurer le succès du Téléthon. Or, la photo reprise dans le manuel poursuit le même but « illustrer la maladie ». Il n'y a pas détournement de l'image de Marie.

Il reste que ni elle, ni Jacques et Christine, n'ont donné l'autorisation de faire cette photo. Or la jurisprudence pose comme principe la nécessité du consentement, spécial et réitéré pour toute utilisation de l'image.

L'affaire de Marie peut être analysée comme présentant un consentement implicite de Marie et ses parents. La participation au Téléthon et l'acceptation d'être filmée par la télé, implique l'acceptation de la prise d'une photo et la diffusion de cette dernière pour témoigner de la maladie. La photo du manuel ne fait que continuer ce qui avait été fait lors de l'émission télé. Pourtant, il semble difficile de voir un consentement spécial de Marie ou de ses parents. En effet, il pourrait être implicite, mais non spécial. Accepter d'être filmée pour une émission télé ne veut pas dire accepter d'être prise en photo.

Cependant, il existe des exceptions à l'exigence du consentement et justement le cas de Marie entre dans l'une d'entre elles. La jurisprudence a précisé que le consentement n'était pas nécessaire dans trois hypothèses. C'est le cas lorsque la photo illustre un événement d'actualité dans lequel Marie serait impliquée. Ce n'est pas le cas en l'espèce, la photo du manuel n'illustre pas un tel événement. C'est encore le cas lorsque la photo illustre une affaire judiciaire, or Marie n'est pas mêlée à une affaire de justice ! Enfin, il y a dispense du consentement lorsque la photo illustre un débat général de société. Or on peut considérer que c'est le cas pour la photo de Marie, elle illustre un fait de société et c'est le sens de son utilisation dans le manuel.

Pour autant, est-il vraiment impossible de protéger l'image de Marie ? C'est douloureux pour elle de se voir renvoyer une photo lui rappelant les mauvais souvenirs de sa maladie et la stigmatisant comme malade auprès de ses camarades. La jurisprudence a trouvé un point d'équilibre qui devrait offrir une solution satisfaisante. Dans une décision du 14 juin 2007, la première chambre sociale de la Cour de cassation a considéré, dans des circonstances analogues, que la photo pouvait être floutée. Elle est très claire en précisant que l'illustration d'une étude d'intérêt général, qui dispense du consentement de la personne photographiée, n'implique pas nécessairement que les personnes représentées soient identifiables. Cette jurisprudence devrait servir les intérêts de Marie. D'abord, elle rappelle que le consentement de Marie et de ses parents est nécessaire. Ensuite, si tenté que l'éditeur parvienne à prouver un consentement spécial et implicite, elle permet d'exiger le floutage de la photo. En effet, pour illustrer le fait de société, Marie n'a pas besoin d'être identifiable. Dans ce cas, il n'y a plus de problème avec le droit à l'image et l'illustration peut être réalisée sans faire de tort à Marie.

2° L'affaire est grave pour Jacques. Il n'est pas une personnalité connue dans sa ville, il n'a jamais fait état de ses revenus, même si lui et sa famille vivent bien. La première chose est de savoir si la communication des salaires entre dans la sphère de la protection de la vie privée. En d'autres termes est-ce que la divulgation d'informations d'ordre patrimonial (les biens, les dettes, les revenus professionnels ou les revenus des biens) peut être interdite en application de l'article 9 du Code civil ?

Le juriste de l'entreprise de Jacques a raison ; longtemps la jurisprudence a considéré que ces informations n'étaient pas couvertes par la vie privée. Dans une décision du 28 mai 1991, la Cour de cassation a considéré que « le respect dû à la vie privée de chacun n'est pas atteint par la publication de renseignements d'ordre purement patrimonial ne comportant, comme en l'espèce, aucune allusion à la vie et à la personnalité de l'intéressé ». Toutefois tout n'est pas perdu pour Jacques car les décisions allant en ce sens concernent des personnalités connues du monde des affaires ou du monde politique. Or, la jurisprudence est plus généreuse pour protéger la vie privée du citoyen anonyme. Un arrêt du 15 mai 2007 introduit une distinction entre le citoyen inconnu et la personne publique. La première chambre civile énonce très précisément que si le salaire divulgué est celui de quelqu'un qui n'est pas une personne publique et ne jouit d'aucune notoriété particulière, il entre dans le domaine de sa vie privée. Le contexte devrait servir Jacques. En effet, il est jeté en pâture dans une polémique qui ne le regarde pas. C'est la direction qui décide des licenciements et des salaires. La situation au plan local est tendue car des salariés perdent leur emploi et la différence de traitement attise les jalousies. Cependant, il convient d'être prudent car la protection ainsi accordée n'est pas absolue. Elle est limitée par le droit à l'information. Il a aussi été jugé que la publication d'informations sur les salaires, revenus, niveau d'imposition des cadres ou responsables de grandes entreprises relève du droit à l'information et ferme la protection de la vie privée. D'ailleurs dans sa décision du 15 mai 2007, la Cour de cassation le rappelle expressément. Par conséquent, il faut conseiller à Jacques d'agir car il est nommément désigné et qu'il n'est pas une personnalité connue, mais il faut l'avertir qu'il prend le risque de se voir opposer avec succès le droit à l'information.

3° En marge du respect de la vie, c'est le secret médical qui est indirectement en cause. Il est possible d'envisager que sur le fondement de l'article 9 sa mère obtienne gain de cause. L'article 9 vise à protéger la vie privée et entre dans son domaine de protection, l'état de santé des sujets de droit. La jurisprudence sur ce point est constante. Il a été jugé qu'une personne peut s'opposer à ce que son état de santé soit révélé dans un article qui susciterait l'intérêt du public et serait exploité à des fins commerciales. La Cour européenne des droits de l'homme a même considéré que la divulgation d'informations confidentielles sur la santé mentale d'une personne lors d'une audience publique constituait une violation de la vie privée (*CEDH, 26 juin 2006*). Le dossier médical d'un salarié ne peut pas être communiqué par le médecin à son employeur selon la chambre sociale de la Cour de cassation dans une décision du 10 juillet 2002. Cette solution est édifiante, Pierre n'aurait pas eu le droit de se servir des documents médicaux relatifs à la santé de son père pour obtenir, dans le cadre de la tutelle, l'annulation d'un acte préjudiciable à l'entreprise familiale. Jeanne dispose d'arguments d'importance pour protéger la vie privée de son mari, même contre son fils et l'intérêt sociétaire. Elle devrait pouvoir obtenir d'importants dommages-intérêts car le mal est fait et la maladie de Paul est désormais connue de tous.

Comment peut-on répondre à Jeanne ? Il est possible pour Pierre de se placer sur le droit de la preuve et la nécessité de prouver que la décision de son père doit être annulée car il n'était pas capable de la prendre. Le priver de recourir aux certificats médicaux et ordonnances pour apporter la preuve de l'incapacité de son père revient à interdire à Pierre d'agir en justice et d'obtenir le succès de ses prétentions. L'atteinte à la vie privée peut être aménagée pour tenir compte de droits et d'intérêts concurrents. Simplement l'atteinte à la vie privée de Paul doit être mesurée, elle doit se limiter au strict nécessaire. C'est en sens qu'a statué la Cour de cassation le 15 mai 2007 en se plaçant sous le visa d'autres droits fondamentaux, l'égalité des armes, le droit au procès équitable (art. 6, Conv. EDH). Elle énonce que « le fait d'interdire une partie de faire la preuve d'un élément de fait essentiel pour le succès de ses prétentions » viole ses droits fondamentaux au procès. Elle ajoute que « toute atteinte à la vie privée n'est pas interdite, et qu'une telle atteinte peut être justifiée par l'exigence de la protection d'autres intérêts, dont celle des droits de la défense, si elle reste proportionnée au regard des intérêts antinomiques en présence ». L'avocat de Pierre devrait lui recommander de se servir de cette jurisprudence.

4° Sur ce point, l'avocat ne devrait pas manquer d'informations car le précédent célèbre est l'affaire du Grand secret concernant la maladie du président Mitterrand. La famille du président a obtenu gain de cause en soulignant que la publication de l'ouvrage générait un trouble manifestement illicite auquel il fallait mettre fin. Les circonstances sont proches : un notable connu, une maladie tenue secrète, la mise en cause du secret médical et pas de réelle justification sur le plan de la liberté d'expression. Il y a fort à parier que la famille Discret devrait obtenir gain de cause.

Le plus intéressant de la question consiste dans le choix de l'action pour empêcher la publication du livre. Il faut se tourner vers les moyens de protéger le droit à la vie privée et vers les sanctions. Pour empêcher la publication, la famille Discret doit d'abord agir en référé en application de l'article 9, al. 2 du Code civil. Elle doit saisir le juge pour qu'il mette fin à un abus caractérisé de la liberté d'expression et qu'il interdise à l'éditeur de publier. Si la décision du juge des référés est positive, elle comprend en général un délai raisonnable pour agir au fond. Dans l'affaire du Grand secret ce délai avait été fixé à un mois. Cette première étape franchie, il faut donc agir au fond pour confirmer la décision prise en référé. Il faut alors saisir le TGI. Dans l'affaire du Grand secret, les juges du fond avaient confirmé la décision d'interdiction de publication. Le précédent est encourageant d'autant qu'il n'est pas isolé. La famille Discret devrait obtenir gain de cause. Elle pourrait même tenter d'obtenir la condamnation de leur médecin de famille pour violation du secret médical.

Pour aller plus loin

Sujets de dissertation portant sur des thèmes voisins

« Le droit à l'image »

« La voix, protégée par le droit à la vie privée »

« L'image des biens »

Lectures autour du thème

– M. Cornu, « Le corps humain au musée, de la personne à la chose ? », *D.* 2009, chron., p. 1907.

– G. Loiseau, « La crise existentielle du droit patrimonial à l'image », *D.* 2010, chron. p. 451.

Sujet 15 : Préparation au commentaire d'arrêt

Cass. civ. 1re 15 mai 2007, n° 06-18.448

RÉPUBLIQUE FRANÇAISE

AU NOM DU PEUPLE FRANÇAIS

Sur les deux moyens réunis, tels qu'exposés au mémoire en demande :

Attendu que dans son numéro 130, paru en mai 2003, l'hebdomadaire « Entrevue » a publié un article intitulé « Personnel licencié, direction augmentée, que les gros salaires lèvent le doigt », consacré à un « plan social » adopté par la société de télévision « Canal + » visant à réduire les dépenses, et à la grève suscitée par cette initiative ; que, comportant le montant des salaires perçus en janvier et février 2003 par trente-trois personnes, nommément désignées, il met en évidence des multiplications des rémunérations par deux, trois voire dix d'un mois sur l'autre, tandis que certaines subissent d'amples réductions ; que Mme X..., estimant que la diffusion, non autorisée par elle, de son nom et de son salaire avait porté atteinte à son droit à sa vie privée, a assigné en justice la Société de conception de presse et d'édition, et M. Y..., directeur de la publication ; qu'elle a été déboutée ;

Attendu que l'arrêt retient exactement que, si le salaire de celui qui n'est pas une personne publique et ne jouit d'aucune notoriété particulière ressortit à sa vie privée, sa publication nominative, au sein d'une liste des gains comparés que reproduit un article de presse consacré aux difficultés financières notoires de l'entreprise, dans le contexte de la polémique ainsi suscitée et relayée par les médias, participe de l'actualité économique et sociale des faits collectifs dans lesquels elle s'insère, et du droit du public à être informé sur ceux-ci ; que les moyens ne sont pas fondés ;

PAR CES MOTIFS :

REJETTE le pourvoi

Faire la fiche d'arrêt et le plan de commentaire de l'arrêt

L'exercice du commentaire d'arrêt est souvent un difficile apprentissage pour l'étudiant qui doit éviter à la fois la périphrase et la dissertation sur le thème de l'arrêt. Pour comprendre comment faire un commentaire d'arrêt, il est indispensable de procéder par étapes et en première année la préparation au commentaire d'arrêt passe par la rédaction d'une fiche d'arrêt et par la recherche du plan du commentaire. La rédaction ensuite n'est plus qu'une formalité. L'exercice ici proposé a pour but de préparer les étudiants au commentaire d'arrêt par cette utile étape préparatoire.

L'arrêt ici proposé pour rédiger un commentaire est court facile à comprendre il est construit de façon à faciliter la tâche de l'étudiant pour trouver un plan car l'attendu de la Cour de cassation rappelle le principe de la protection de la vie privée et en même pose une exception qui complète celle déjà posée par la jurisprudence antérieure. Il est donc facile de trouver le plan classique, principe - exception. L'introduction est facile à rédiger car elle repose sur l'établissement de la fiche d'arrêt.

1 • LA FICHE D'ARRÊT

Faits : L'hebdomadaire « Entrevue » publie un article sur un plan de licenciement mis en place par la société Canal + dans le but de faire des économies qui avait suscité un mouvement de grève. Parallèlement à ces licenciements l'article montre que certains salariés – des dirigeants – avaient vu leur salaire fortement augmenté. Le journal à l'appui de sa démonstration cite les noms des bénéficiaires des augmentations ainsi que le montant de leur salaire.

Procédure : Une des salariées nommées par le journal assigne le journal en justice, la diffusion, non autorisée par elle, de son nom et de son salaire a porté atteinte à son droit à sa vie privée.

Elle est déboutée par les juges du fond qui font prévaloir le droit à l'information sur le respect de la vie privée.

Elle se pourvoit en cassation reprenant les mêmes arguments : l'absence d'accord de sa part pour la publication de son nom et de son salaire, pour demander réparation de l'atteinte à sa vie privée.

Problème de droit : Il s'agit de concilier le droit à l'information et le respect à la vie privée.

Thèses en présence : Le journal fait prévaloir le droit à l'information. Le plan de licenciement, la grève, les difficultés financières de l'entreprise avaient été médiatisés, entrant ainsi dans le domaine de l'information économique. Ce droit à l'information est une limite posée au respect de la vie privée de l'article 9 du Code civil.

La salariée estime que, n'étant pas une personne publique, son patrimoine, ses salaires appartiennent à sa vie privée et à défaut d'autorisation de sa part pour publier ces éléments patrimoniaux, il y a atteinte à sa vie privée

Solution : La Cour de cassation rappelle le principe de l'étendue de la protection du droit à la vie privée pour les personnes non publiques, mais elle introduit une nouvelle exception à cette protection en justifiant la publication du salaire des salariés de l'entreprise Canal + en difficultés financières par la nécessité de l'information économique. Elle le fait en termes clairs : « si le salaire de celui qui n'est pas une personne publique et ne jouit d'aucune notoriété particulière ressortit à sa vie privée, sa publication nominative, au sein d'une liste des gains comparés que reproduit un article de presse consacré aux difficultés financières notoires de l'entreprise, dans le contexte de la polémique ainsi suscitée et relayée par les médias, participe de l'actualité économique et sociale des faits collectifs dans lesquels elle s'insère, et du droit du public à être informé sur ceux-ci ».

2 • PLAN DE COMMENTAIRE D'ARRÊT PROPOSÉ

I. Le salaire élément de la vie privée ?

La Cour de cassation énonce « si le salaire de celui qui n'est pas une personne publique et ne jouit d'aucune notoriété particulière ressortit à sa vie privée... »

A. La publication possible du salaire d'une personne publique

1° Critère de la qualification de la personne publique : la notoriété particulière

Personnalités du monde des affaires – hommes politiques

2° Jurisprudence acquise : le respect dû à la vie privée de chacun n'est pas atteint par la publication de renseignements d'ordre purement patrimonial ne comportant, comme en l'espèce, aucune allusion à la vie et à la personnalité de l'intéressé – Cass. civ. 1re, 28 mai 1991, sur la publication des cent Français les plus riches

B. La publication interdite du salaire d'un simple citoyen

1° Le principe est le respect du droit à la vie privée : absence de publication

2° La réaffirmation du rôle du consentement (dans le pourvoi) : la publication est toujours possible en cas de consentement de la personne concernée pour chaque publication

II Le salaire et le droit à l'information

La Cour de cassation affirme : « sa publication nominative, au sein d'une liste des gains comparés que reproduit un article de presse consacré aux difficultés financières notoires de l'entreprise, dans le contexte de la polémique ainsi suscitée et relayée par les médias, participe de l'actualité économique et sociale des faits collectifs dans lesquels elle s'insère, et du droit du public à être informé »

A. Le droit à l'information par exception

1° L'exception à la protection de la vie privée : le droit à l'information

La publication du salaire de l'employée « participe de l'actualité économique et sociale »

Le droit à l'image supporte la même limite : l'image est publiée sans autorisation lorsqu'elle a un lien direct avec l'actualité. Il faut que la personne soit impliquée dans l'événement (Cass. civ. 1re, 16 janvier 2013, n° 12-15.547).

Ces nuances pourraient être reprises pour apprécier l'exception du droit à l'information face au principe du respect à la vie privée.

B. Le droit à l'information par principe

La phrase de la Cour de cassation semble confirmer une grande sévérité pour les personnes publiques. Pour ces dernières, la protection du droit à la vie privée disparaît. Elles sont victimes du recul de la vie privée face à l'information qui devient un principe.

Une réserve quand même les informations patrimoniales ne doivent pas s'accompagner d'informations d'ordre personnel (Cass. civ. 1re, 28 mai 1991, préc.).

Pour aller plus loin

Sujets d'exercices :
« Commentaire de l'arrêt : Cass. civ. 1re, 28 mai 1991 »
« Dissertation : Le droit à l'image face au droit à l'information »
Lecture autour du thème :
- S. Dupuy-Busson, « Respect de la vie privée et liberté d'informer : un délicat équilibre à trouver », *Gaz. Pal.* 10 avril 2014, n° 100, p. 9.

Sujet 16 : Questions à choix multiple

Les personnes

1 – La personnalité juridique des personnes physiques s'acquiert par la naissance :

☐ a) Vrai ☐ b) Faux

2 – L'enfant simplement conçu ne peut pas être considéré comme né :

☐ a) Vrai ☐ b) Faux

3 – L'enfant futur, non encore conçu, ne peut jamais être pris en considération par le droit :

☐ a) Vrai ☐ b) Faux

4 – L'enfant à naître est déjà une personne :

☐ a) Vrai ☐ b) Faux

5 – Mme Dumont a donné naissance à un enfant malheureusement sans vie. L'officier d'état civil a refusé d'établir un acte d'enfant sans vie au motif qu'il pesait moins de 500 grammes, c'est-à-dire selon les critères définis par l'Organisation mondiale de la santé, qu'il n'était pas viable. En avait-il le droit ?

☐ a) Oui ☐ b) Non

6 – L'animal est :

☐ a) un objet de droit
☐ b) un sujet de droit

7 – Le mari de Mme Paulon a disparu depuis 10 ans. Il n'est jamais revenu du match de foot auquel il participait avec des amis. Toutes les recherches auprès de la police, des pompiers ou des hôpitaux semblent exclure l'accident. Depuis Mme Paulon a rencontré quelqu'un d'autre. Peut-elle se remarier ?

☐ a) Oui ☐ b) Non

8 – Mademoiselle Fleur et Monsieur Delisse ont eu un enfant naturel. Mme Delisse l'a déclaré au service de l'état civil. Après quelques mois, M. Delisse a décidé de le reconnaître et les parents souhaiteraient qu'il porte leurs deux noms « Fleur-Delisse ». Leurs amis leur disent que c'est impossible :

☐ a) Vrai ☐ b) Faux

9 – Est-il possible pour Corinne Putin de changer de nom ?

☐ a) non, l'état civil est immuable

☐ b) oui, car ce nom est difficile à porter

10 – Qui est compétent en matière de procédure de changement de nom ?

☐ a) le tribunal aux affaires familiales

☐ b) le tribunal d'instance

☐ c) le tribunal de grande instance

☐ d) le Garde des Sceaux, ministre de la justice

☐ e) l'officier d'état civil

11 – Madame Sainroland a acquis une renommée internationale en tant que styliste. Elle souhaite divorcer mais son mari s'oppose à ce qu'elle continue à porter son nom. Peut-elle conserver l'usage de son nom d'épouse ?

☐ a) Oui ☐ b) Non

12 – M. et Mme Belzebuth souhaitent prénommer leur nouveau-né Satan. L'officier d'état civil refuse d'inscrire un tel prénom sur les registres de l'état civil, pourtant il y est obligé.

☐ a) Vrai ☐ b) Faux

13 – Jean Bon souffre de la combinaison de ses nom et prénom. Il utilise toujours son second prénom, Pierre :

☐ a) il doit demander l'interversion aux autorités

☐ b) il a le droit d'utiliser indifféremment n'importe lequel de ses prénoms

☐ c) il ne peut qu'associer les deux prénoms (Jean-Pierre)

14 – Un groupement de personnes n'a la personnalité morale que si une loi le prévoit expressément :

☐ a) Vrai ☐ b) Faux

15 – Une personne morale a une capacité de jouissance limitée par rapport à celle d'une personne physique :

☐ a) Vrai ☐ b) Faux

16 – Un enfant né sans vie n'a pas de personnalité juridique :

☐ a) Vrai ☐ b) Faux

17 – Le nom est imprescriptible :

☐ a) Vrai ☐ b) Faux

18 – La famille Tartempion a fondé un grand magasin à Paris au XIX siècle, ils ont donné leur nom au grand magasin. En 2008, au moment de la crise, la maison a fait faillite et elle a été rachetée par un groupe de grands magasins chinois. En 2009, la famille Tartempion entend créé un nouveau grand magasin à Paris et l'appelle l'espace Tartempion. Le groupe chinois qui a acheté le magasin en 2008 entend s'opposer à cet usage de leur nom, est ce possible :

☐ a) Vrai ☐ b) Faux

19 – Seules les personnes physiques doivent avoir un domicile :

☐ a) Vrai ☐ b) Faux

20 – Une personne morale ne perd jamais sa personnalité juridique :

☐ a) Vrai ☐ b) Faux

Corrigé

1 – La personnalité juridique des personnes physiques s'acquiert par la naissance :

Réponse : a

La personnalité étant l'aptitude d'une personne à être titulaire et à exercer des droits, elle implique l'existence d'une personne. La personnalité juridique acquiert par la naissance. Le droit ne crée pas la personne, il ne fait qu'en constater l'existence, pour en tirer des conséquences juridiques. Il faut toutefois préciser que pour qu'il y ait personne, il ne suffit pas que l'enfant soit né, il faut qu'il soit né vivant (et non mort-né) et viable.

2 – L'enfant simplement conçu ne peut pas être considéré comme né :

Réponse : b

Une règle ancienne fait remonter l'acquisition de la personnalité juridique à la conception lorsque l'enfant y a intérêt : « *infans conceptus pro nato habetur quoties de commodis ejus agitur...* ».

Si l'intérêt de l'enfant l'exige, celui-ci peut acquérir des droits dès sa conception. La personnalité de l'enfant né vivant et viable rétroagit dans son intérêt à la date de sa conception. Cette personnalité de l'enfant conçu ne joue qu'en sa faveur. Elle ne peut être invoquée contre lui pour mettre à sa charge des obligations.

Ainsi, par exemple, si le père de l'enfant conçu décède avant la naissance, l'enfant recueille la succession car il peut être héritier dès le moment de sa conception. De même, en matière de filiation ou d'attribution du nom, l'enfant naturel peut être reconnu par ses parents avant même sa naissance.

3 – L'enfant futur, non encore conçu, ne peut jamais être pris en considération par le droit :

Réponse : b

Les enfants futurs (même encore non conçus) peuvent dans certains cas être considérés comme des sujets de droit. Ainsi, une personne peut souscrire une assurance-vie au profit de ses enfants à naître (loi du 13 juillet 1930).

4 – L'enfant à naître est déjà une personne :

Réponse : b

L'Assemblée plénière de la Cour de cassation a clairement affirmé, dans son arrêt du 29 juin 2001, que l'enfant à naître n'est pas une personne, son régime juridique relevant des textes particuliers sur l'embryon et le fœtus (les lois bioéthiques de 1994 et 2004). L'enfant n'est pas considéré comme une personne le temps de la gestation.

Il ne le devient qu'à sa naissance. Dès lors, le dommage causé à une femme enceinte qui entraîne la perte de l'enfant qu'elle portait n'est pas considéré comme un homicide.

5 – Mme Dumont a donné naissance à un enfant malheureusement sans vie. L'officier d'état civil a refusé d'établir un acte d'enfant sans vie au motif qu'il pesait moins de 500 grammes, c'est-à-dire selon les critères définis par l'Organisation mondiale de la santé, qu'il n'était pas viable. En avait-il le droit ?

Réponse : b

La Cour de cassation, dans trois arrêts du 6 février 2008, a énoncé que tout enfant né sans vie peut être déclaré à l'état civil, peu importe la durée de la grossesse ou le poids du fœtus. Jusqu'à cette date, seuls les fœtus nés morts de plus de 22 semaines ou de plus de 500 g bénéficiaient d'un acte d'enfant sans vie (L'acte d'enfant sans vie n'est pas un acte de naissance. Il ne détermine aucune filiation et ne valide aucune reconnaissance prénatale. L'identité du père peut être indiquée dans l'acte mais cette mention ne vaut pas reconnaissance de paternité. De même, si l'enfant sans vie peut recevoir un ou plusieurs prénoms, il ne peut lui être dévolu de nom puisque celui-ci est un attribut de la personnalité qu'il ne possède pas. Enfin, les parents peuvent faire inscrire l'enfant dans leur livret de famille, s'ils sont mariés, mais uniquement dans la partie décès).

Or ces conditions définies par l'Organisation mondiale de la santé et utilisées jusqu'à présent par l'administration française ne figurent pas dans la loi. L'article 79-1 du Code civil ne subordonne en effet l'établissement d'un acte d'enfant sans vie ni au poids du fœtus, ni à la durée de la grossesse.

6 – L'animal est :

Réponse : a

Le droit fait une distinction entre les sujets de droit et les objets. Les premiers sont les personnes titulaires de droits. Les seconds recouvrent les choses inanimées. Ils sont dépourvus de la personnalité juridique. Si l'exclusion de la personnalité des choses inanimées ne rencontre aucune contestation, celle des animaux fait régulièrement l'objet d'une controverse. Les animaux ne sont pas des personnes. Ce sont des choses, mais des choses d'une nature particulière, parce que vivants et sensibles, et parce que l'homme peut leur vouer une affection profonde. C'est pourquoi ils bénéficient d'une protection spéciale contre les actes de cruauté par exemple. En revanche, le législateur refuse toujours une « personnification » des animaux. L'animal reste, objet de propriété, qui peut être cédée ou louée.

7 – Le mari de Mme Paulon a disparu depuis 10 ans. Il n'est jamais revenu du match de foot auquel il participait avec des amis. Toutes les recherches auprès de la police, des pompiers ou des hôpitaux semblent exclure l'accident. Depuis Mme Paulon a rencontré quelqu'un d'autre. Peut-elle se remarier ?

Réponse : b

Lorsqu'une personne est absente ou a disparu, il est impossible de déterminer si elle est morte ou vivante. Il faut distinguer ces deux notions, d'absence et de disparition, de la non-présence qui correspond à l'éloignement d'un lieu déterminé. Cette dernière notion ne suscite pas de doute quant à l'existence de la personne qui, par exemple, voyage mais donne de ses nouvelles.

En l'espèce, juridiquement M. Paulon n'a pas disparu. Il est absent. La disparition correspond à l'hypothèse d'une personne qui a disparu dans des circonstances de nature à mettre sa vie en danger, sans que son corps n'ait pu être retrouvé, par exemple en cas d'accident d'avion ou de naufrage (art. 88, C. civ.). L'absence, selon l'article 112 du C. civ., correspond à l'hypothèse d'une personne qui a cessé de paraître à son domicile ou à sa résidence et de donner des nouvelles.

Dans ce cas, M. Paulon est présumé vivant ce qui implique que le mariage subsiste. Cette situation dure vingt ans sauf si Mme Paulon a fait constater judiciairement la présomption d'absence, auquel cas elle ne dure que dix ans (art. 122, C. civ.). Sous cette condition de constatation judiciaire de l'absence de son époux, Mme Paulon peut se remarier, sinon elle ne le peut pas.

8 – Mademoiselle Fleur et Monsieur Delisse ont eu un enfant naturel. Mme Delisse l'a déclaré au service de l'état civil. Après quelques mois, M. Delisse a décidé de le reconnaître et les parents souhaiteraient qu'il porte leurs deux noms « Fleur-Delisse ». Leurs amis leur disent que c'est impossible.

Réponse : b

La loi n° 2002-304 du 4 mars 2002 relative au nom de famille, modifiée par la loi n° 2003-516 du 18 juin 2003 relative à la dévolution du nom de famille ainsi que l'ordonnance n° 2005-759 du 4 juillet 2005 portant réforme de la filiation a modifié les règles d'attribution du nom de famille.

Si la filiation de l'enfant est établie successivement à l'égard de ses parents, les modalités de dévolution du nom sont établies à l'article 311-23, C. civ. En principe l'enfant prend le nom du parent qui l'a reconnu le premier (Fleur) mais par simple déclaration conjointe des parents, et avec le consentement de l'enfant de plus de treize ans, il est possible de lui substituer le nom de celui qui le reconnaît en second ou de lui associer ce nom, et ce dans l'ordre choisi par les intéressés, dans la limite d'un nom de famille pour chacun d'eux. Le changement de nom est porté sur l'acte de naissance de l'enfant. Ainsi, en accomplissant cette déclaration conjointe les parents pourront modifier le nom de l'enfant (dont le consentement n'est pas requis, étant âgé de moins de treize ans). Ils peuvent choisir l'ordre qu'il souhaite, l'officier d'état civil n'a aucun droit de refuser le nom retenu.

9 – Est-il possible pour Corinne Putin de changer de nom ?

Réponse : b

En principe, le nom est immuable (règle ancienne énoncée par la loi du 6 Fructidor an II dans son article 1er toujours en vigueur : « aucun citoyen ne pourra porter de nom ni de prénom autres que ceux exprimés dans son acte de naissance : ceux qui les auraient quittés sont tenus de les reprendre »). Cette loi, tout en interdisant les changements volontaires de nom, a admis certains changements par voie administrative. Progressivement les possibilités de changement de nom ont été étendues. Notamment, le changement peut intervenir en cas d'intérêt légitime du demandeur. L'article 61, issu de la loi n° 93-22 du 8 janvier 1993, prévoit que le changement de nom est possible dès lors que celui qui le demande justifie d'un intérêt légitime. Les juges apprécient souverainement la légitimité de l'intérêt au changement, qu'ils distinguent du simple désir au changement (par exemple en cas de simple désaccord familial). Un tel intérêt sera admis par exemple en cas de nom ridicule ou déshonoré, de consonance ou d'apparence étrangère. Dans ces conditions, il apparaît plus que vraisemblable que le changement soit autorisé.

10 – Qui est compétent en matière de procédure de changement de nom ?

Réponse : d

Le décret n° 94-52 du 20 janvier 1994 énonce les règles relatives à la procédure d'un tel changement. Celui qui désire changer de nom doit d'abord faire paraître un avis au journal officiel et dans un journal d'annonces légales de l'arrondissement où il réside. Un exemplaire de ces journaux, ainsi qu'un acte de naissance du demandeur (et de ses enfants, assorti du consentement écrit au changement si les enfants ont plus de treize ans), un acte de mariage le cas échéant, un acte de nationalité française, et un extrait du casier judiciaire, sont transmis au garde des Sceaux ministre de la justice, accompagnés d'une requête qui indique les motifs pour lesquelles la personne désire changer de nom et le nom sollicité. Le garde des Sceaux instruit la demande (il peut recueillir l'avis du Conseil d'État) au plus tôt deux mois après la date à laquelle il a été procédé aux formalités de publicité. La loi ne précise pas quand une demande doit être acceptée ou non. En revanche, elle oblige le ministre à motiver son refus. Le changement apparaît plus comme une faveur de l'autorité publique que comme un droit.

La mention de la décision de changement de nom est portée en marge des actes de l'état civil de l'intéressé et, le cas échéant, de ceux de son conjoint et de ses enfants (art. 61-4). Le décret portant changement de nom est publié au journal officiel. Cette publication fait courir le délai de deux mois pendant lesquels tout intéressé peut y faire opposition devant le Conseil d'État. Tout intéressé dispose en effet d'un délai de deux mois pour faire opposition (art. 61-1, C. civ.) notamment en cas de confusion dommageable ou de rareté et de notoriété du nom attribué. S'il y a eu opposition, le décret prend effet après le rejet de l'opposition.

11 – Madame Sainroland a acquis une renommée internationale en tant que styliste. Elle souhaite divorcer mais son mari s'oppose à ce qu'elle continue à porter son nom. Peut-elle conserver l'usage de son nom d'épouse ?

Réponse : a

Le mariage ne change pas le nom des époux. Le nom de tout citoyen français est celui qui lui a été transmis selon les règles propres à chaque filiation et qui résulte de son acte de naissance, le nom « de jeune fille » pour la femme mariée. C'est à ce nom que doivent être établis les documents d'identité, les actes officiels ainsi que les dossiers administratifs. Toutefois, chacun des époux a le droit de prendre le nom de famille de l'autre à titre d'usage, c'est-à-dire de se faire désigner par celui-ci dans sa vie de tous les jours (ce nom d'usage n'est même pas mentionné à l'état civil, ni sur le livret de famille).

En cas de divorce chacun des époux reprend l'usage de son nom, sauf avec l'autorisation de son ex-conjoint. De même, si le conjoint justifie d'un intérêt particulier pour lui (par exemple s'il s'est fait connaître dans son métier sous ce nom) ou pour les enfants (art. 264, C. civ.) il peut obtenir une autorisation judiciaire.

12 – M. et Mme Belzebuth souhaitent prénommer leur nouveau-né Satan. L'officier d'état civil refuse d'inscrire un tel prénom sur les registres de l'état civil, pourtant il y est obligé.

Réponse : a

Le choix des prénoms de l'enfant est réalisé par ses père et mère (art. 57, al. 2, C. civ.). Ils jouissent en la matière d'une liberté quasi totale. Cette liberté de choix a été élargie par la loi du 8 janvier 1993 qui ne les contraint plus à se référer aux noms en usage dans les différents calendriers ou aux noms des personnages connus dans l'histoire ancienne, comme l'exigeait l'ancien article 1er de la loi du 11 germinal an XI.

La seule limite au choix des parents est l'intérêt légitime de l'enfant. En l'occurrence on comprend très bien la réticence de l'officier d'état civil. Le prénom Satan est déjà difficile à porter, encore plus en association avec le nom de famille Belzebuth. Pourtant l'officier d'état civil est obligé de porter sur l'acte de naissance le prénom choisi par les parents. Il dispose quand même d'une action. S'il considère que ce choix est contraire à l'intérêt de l'enfant ou risque de porter atteinte au nom d'autrui (quand un nom de famille a été choisi comme prénom), il doit en aviser, sans délai, le Procureur de la République. Si celui-ci abonde dans son sens, il saisit le juge aux affaires familiales (art. 57, al. 3, C. civ.). Ce dernier apprécie alors le choix et peut ordonner la suppression des prénoms litigieux sur le registre de l'état civil (art. 57, al. 4, C. civ.) Les parents doivent choisir un nouveau prénom. À défaut d'un tel choix, ou si celui-ci porte également atteinte à l'intérêt de l'enfant, le juge aux affaires familiales attribue lui-même un autre prénom à l'enfant et il est fait mention de cette décision en marge des actes de l'état civil de l'enfant.

13 – Jean Bon souffre de la combinaison de ses nom et prénom. Il utilise toujours son second prénom, Pierre :

Réponse : b

Comme le nom, le prénom est en principe immuable. Toutefois, comme pour le nom, l'article 60 du Code civil offre la possibilité, pour toute personne qui justifie d'un intérêt légitime de changer de prénom. Dans l'appréciation de l'intérêt légitime, la jurisprudence manifeste une certaine souplesse. Elle admet qu'il s'agisse d'un intérêt simplement légitime et non d'un intérêt majeur.

L'intérêt au changement de prénom est manifeste et légitime quand par exemple le prénom a une consonance ridicule, seul ou en association avec le nom (comme c'est le cas ici). En revanche, la démarche n'est pas admise pour la seule interversion de prénom puisque la loi offre à chacun la possibilité de choisir comme prénom usuel n'importe lequel de ses prénoms (art. 57, al. 2, C. civ., loi 8 janv. 1993 « tout prénom inscrit dans l'acte de naissance peut être choisi comme prénom usuel »). Désormais, le droit d'utiliser comme prénom usuel l'un des prénoms inscrits dans l'acte de naissance prive la personne d'intérêt à agir pour obtenir, sur le fondement de l'article 60, l'entier bénéfice du droit qu'elle détient déjà d'user du prénom en question.

14 – Un groupement de personnes n'a la personnalité morale que si une loi le prévoit expressément :

Réponse : b

Le droit a permis la création de sujets de droit purement juridiques, qui existent indépendamment des personnes physiques qui les composent : ce sont les personnes morales. Deux théories s'opposent pour justifier l'existence des personnes morales.

La ***théorie de la fiction*** postule que seuls les individus peuvent avoir la qualité de sujets de droits. La personnalité morale ne peut être accordée que par le législateur et dans les limites qu'il fixe. Une personne morale n'est qu'une fiction juridique, une création de la loi.

La ***théorie de la réalité*** reconnaît, à l'inverse, qu'un groupement pouvant avoir un intérêt propre, différent des intérêts de ses membres, il doit avoir de plein droit la personnalité juridique. La jurisprudence retient cette théorie en reconnaissant la personnalité morale à « tout groupement pourvu d'expression collective pour la défense d'intérêts dignes par suite d'être juridiquement reconnus et protégés » (*Cass. 1954 à propos des comités d'établissement*).

15 – Une personne morale a une capacité de jouissance limitée par rapport à celle d'une personne physique :

Réponse : a

Les personnes morales jouissent des mêmes droits que les personnes physiques et peuvent être responsables civilement et pénalement (art. 121-2, C. pén.). En revanche, leur nature particulière les empêche de jouir de certains droits : mariage, adoption... De même la catégorie des droits de la personnalité est réduite (droits au respect de sa vie privée ou de son image) même si la personne morale a un droit sur son nom et un droit à l'honneur permettant de se défendre contre les injures ou les diffamations. L'action en concurrence déloyale sanctionnant le dénigrement lui permet également de protéger son « image commerciale ».

La capacité des personnes morales est également limitée par la règle de la spécialité qui ne leur permet de jouir que des droits correspondant directement à leur objet. La loi leur interdit enfin certains droits (une association simplement déclarée ne peut recevoir de legs, ni de dons).

16 – Un enfant né sans vie n'a pas de personnalité juridique :

Réponse : a

C'est vrai, l'enfant né sans vie ne dispose pas de la personnalité juridique. En revanche, à la suite de trois décisions de la Cour de cassation en date du 6 février 2008, des décrets et arrêtés du 20 août 2008 précise l'état civil de ces enfants nés sans vie. Leurs parents pourront obtenir un acte d'enfant né sans vie auprès de l'officier de l'état civil en produisant un certificat médical d'accouchement. Ce certificat ne peut pas être délivré en cas de fausse couche précoce ou d'interruption volontaire de grossesse. L'enfant qui ne dispose pas de la personnalité juridique pourra néanmoins être inscrit sur le livret de famille.

17 – Le nom est imprescriptible :

Réponse : a

Il est imprescriptible, il ne se perd pas par le nom usage et on ne peut pas l'acquérir par un usage prolongé.

Pourtant, il convient de nuancer. L'imprescriptibilité est appréciée strictement par les tribunaux en cas de perte du nom. Une personne peut toujours revendiquer, par voie de rectification de l'état civil, le nom de ses ancêtres et ceci quelle que soit la durée de l'interruption de l'usage du nom. L'acquisition d'un nom par usage prolongé est plus difficile à obtenir pour respecter le principe de l'imprescriptibilité du nom. Pourtant il est possible d'acquérir un nom par la possession prolongée de ce dernier.

18 – La famille Tartempion a fondé un grand magasin à Paris au XIXe siècle, ils ont donné leur nom au grand magasin. En 2008, au moment de la crise, la maison a fait faillite et elle a été rachetée par un groupe de grands magasins chinois. En 2009, la famille Tartempion entend créé un nouveau grand magasin à Paris et l'appelle l'espace Tartempion. Le groupe chinois qui a acheté le magasin en 2008 entend s'opposer à cet usage de leur nom, est ce possible ?

Réponse : a

L'affaire qui sert de précédent célèbre est celle de l'éditeur Bordas. La famille avait donné son nom à la maison d'édition, après la vente de cette dernière, il a été interdit à la famille Bordas de reprendre leur nom de famille pour dénommer leur nouvelle activité d'édition. Leur nom était devenu un nom commercial protégé en tant que tel et il n'est plus possible d'en disposer pour reprendre la même activité professionnelle.

19 – Seules les personnes physiques doivent avoir un domicile :

Réponse : b

Toutes les personnes physiques ou morales doivent avoir un domicile. Le domicile, à la différence de la résidence qui est une notion de fait, est une notion purement juridique. Il désigne le lieu où la personne est présumée être présente pour l'exercice de ses droits et ses devoirs. La résidence est le lieu où la personne vit concrètement. Le domicile est une localisation juridique. Le domicile détermine, en application du Code de procédure civile, le lieu d'ouverture de la succession d'un défunt par exemple. Il détermine également le lieu d'ouverture d'une tutelle si la personne a besoin de cette mesure de protection des majeurs incapables. Le tribunal compétent en cas de litige est le tribunal du domicile du défendeur qu'il soit une personne physique ou une personne morale.

Le domicile des personnes morales correspond à leur siège social tel qu'il est fixé par les statuts. La notion est déterminante de la nationalité de la personne morale.

20 – Une personne morale ne perd jamais sa personnalité juridique :

Réponse : b

C'est faux, certes les personnes morales ne peuvent pas mourir leur durée n'est pas pour autant illimitée. À leur formation elles peuvent être formées pour durée illimitée, si les statuts prévoient une durée limitée quand vient le terme la personne morale disparaît, mais sa durée peut être prorogée.

La disparition de la personne morale peut prendre plusieurs formes elle peut être volontaire ou forcée. Elle est volontaire si elle est l'expression de la volonté de ses membres. Ils peuvent tous se retirer ou prendre la décision de la dissolution par un vote, lors d'une assemblée. La dissolution peut-être pure et simple, mais elle peut également prendre la forme d'une fusion : la société absorbée disparaît pour se fondre dans la société absorbante. Elle peut aussi résulter d'une scission de la société qui disparaît pour donner naissance à plusieurs autres sociétés. La dissolution est forcée lorsqu'elle est imposée par des circonstances extérieures à la volonté des membres du groupement. La dissolution de la société peut être l'expression d'une sanction visant : un vice entraînant l'annulation de l'acte fondateur de la personne morale, l'illicéité de l'objet de la personne morale en est un exemple. Le gouvernement doit veiller au respect de l'ordre public ; la loi du 10 janvier 1936 prévoit donc que le gouvernement peut dissoudre, par décret, les groupements « qui auraient pour but de porter atteinte à l'intégrité du territoire national ou d'attenter par la force à la forme républicaine du gouvernement. Une décision administrative peut entraîner la dissolution du groupement, par exemple lorsque les fondations ou les congrégations n'obtiennent pas l'autorisation du gouvernement ou lorsque leur autorisation leur est retirée. La mésentente entre les associés ou une défaillance est sanctionnée par la dissolution de la personne morale. La liquidation forcée peut aussi intervenir en présence d'une liquidation judiciaire sans plan de cession avec une reprise extérieure. La liquidation judiciaire de la société débitrice entraîne sa disparition.

Sujet 17 : Commentaire d'arrêt

Arrêt Req. 3 août 1915, Coquerel c/Clément-Bayard

Violation des articles 544 et suiv. et 552 du Code civil, des règles du droit de propriété, violation par fausse application des articles 1382 et suiv. du Code civil, violation de l'article 7 de la loi du 20 avril 1810, défaut de motifs et de base légale,

En ce que d'une part, l'arrêt attaqué a considéré comme un abus du droit de propriété le fait par un propriétaire de construire sur son terrain une clôture élevée, destinée à empêcher le propriétaire du fonds voisin de pénétrer chez lui ou de tirer de son fonds un usage quelconque destiné à rendre sa jouissance plus commode, sous le prétexte que cette construction avait été faite uniquement dans une intention malveillante, alors qu'un propriétaire a le droit absolu de construire sur son terrain tel ouvrages de défense ou de clôture qu'il lui plaît pour éviter toute incursion sur son terrain, et qu'il ne peut y avoir abus de droit que si le propriétaire exécute chez lui, sans aucun profit pour lui-même, un acte qui apporte un trouble au propriétaire du fonds voisin restant dans les limites de sa propriété, ce qui n'était aucunement le cas.

Et en ce que d'autre part, l'arrêt n'a rien répondu à la théorie de droit ainsi formulée dans le dispositif des conclusions d'appel.

PAR CES MOTIFS et tous autres à produire, déduire ou suppléer, l'exposant conclut à ce qu'il plaise à la Cour de Cassation : Casser l'arrêt attaqué avec toutes les conséquences de droit.

LA COUR :

Sur le moyen de pourvoi pris de la violation des articles 544 et suivants, 552 et suivants du Code civil, des règles du droit de propriété et plus spécialement du droit de clore, violation par fausse application des articles 1388 et suivants du Code civil, violation de l'article 7 de la loi du 20 avril 1810, défaut de motifs et de base légale.

Attendu qu'il ressort de l'arrêt attaqué que Coquerel a installé sur son terrain attenant à celui de Clément-Bayard, des carcasses en bois de seize mètres de hauteur surmontées de tiges de fer pointues ; que le dispositif ne présentait pour l'exploitation du terrain de Coquerel aucune utilité et n'avait été érigé que dans l'unique but de nuire à Clément-Bayard, sans d'ailleurs, à la hauteur à laquelle il avait été élevé, constituer au sens de l'article 647 du Code civil, la clôture que le propriétaire est autorisé à construire pour la protection de ses intérêts légitimes ; que, dans cette situation des faits, l'arrêt a pu apprécier qu'il y avait eu par Coquerel abus de son droit et, d'une part, le condamner à la réparation du dommage causé à un ballon dirigeable de Clément-Bayard, d'autre part, ordonner l'enlèvement des tiges de fer surmontant les carcasses en bois.

Attendu que, sans contradiction, l'arrêt a pu refuser la destruction du surplus du dispositif dont la suppression était également réclamée, par le motif qu'il n'était pas démontré que ce dispositif eût jusqu'à présent causé du dommage à Clément-Bayard et dût nécessairement lui en causer dans l'avenir.

Attendu que l'arrêt trouve une base légale dans ces constatations ; que, dûment motivé, il n'a point, en statuant ainsi qu'il l'a fait, violé ou faussement appliqué les règles de droit ou les textes visés au moyen.

Par ces motifs, rejette la requête, condamne le demandeur à l'amende.

Ainsi fait jugé et prononcé par la Cour de Cassation, Chambre des Requêtes, en son audience publique du trois août mil neuf cent quinze. »

Le commentaire d'un arrêt aussi célèbre que l'affaire Clément-Bayard est à la fois facile et difficile. Facile, d'abord, il est impossible de faire un contresens car le sens, la valeur, la portée de l'arrêt sont déjà connus. Difficile, ensuite, car le piège consiste à recopier un commentaire déjà réalisé par ailleurs. En outre, l'arrêt est ancien. Il faut tenir compte du contexte doctrinal de l'époque. Les débats étaient importants. Planiol niait la simple possibilité d'un abus de droit, pour lui, « le droit cesse où commence l'abus ». Ripert, quant à lui, associait l'abus de droit à une violation de la morale et à la volonté de nuire. Josserand estimait que l'abus de droit consistait en un détournement de la fonction sociale d'un droit. Selon lui les droits sont relatifs et donc il faut sanctionner les abus, il souligne « qu'il serait intolérable que les moyens mêmes irréprochables, puissent justifier toutes fins, fut-elle odieuse et inconcevable ». Ces débats, comme la solution de l'arrêt, doivent, c'est l'autre difficulté, être placé en perspective de l'évolution du droit et de la jurisprudence. Quoi qu'il en soit, il faut donc s'obliger à lire l'arrêt trop connu afin de trouver les mots clefs. Ensuite, il faut établir la fiche d'arrêt afin de trouver un plan qui corresponde bien à l'arrêt et pas aux multiples commentaires qui l'accompagnent.

Quels sont les mots clefs, après lecture ?

Ils ne sont pas si nombreux : le droit de propriété (art. 544 Code civil), le droit de se clore, l'article 1382 du Code civil, clore sans aucune utilité, dans l'unique but de nuire, de la situation de fait, abus de droit. Cette simple liste met déjà en évidence des éléments importants quant à la définition de l'abus « unique but de nuire » et

« situation de fait », quant à la sanction, l'article 1382 du Code civil et la responsabilité délictuelle qu'il fonde.

La fiche d'arrêt assure une bonne compréhension de l'arrêt et permet de rédiger l'introduction du commentaire. Elle met en évidence le problème de droit qui porte sur la question de savoir si l'exercice de son droit de propriété, droit exclusif par nature, et de son droit de clore est susceptible d'abus. Le commentaire sur l'arrêt emblématique de la reconnaissance de l'abus de droit et de sa sanction.

Ne fais pas à ton voisin ce que tu ne vaudrais pas qu'il te fasse ! Tel pourrait être la maxime résumant l'affaire Clément-Bayard. Elle est si connue qu'elle incarne la question de l'abus de droit pour les juristes. Monsieur Coquerel, propriétaire du terrain voisin de celui de Monsieur Clément-Bayard avait installé sur sa parcelle des carcasses en bois de 16 mètres de hauteur surmontées de tiges de fer pointues. Il prétendait que ce montage était une clôture qu'il pouvait construire pour protéger ses intérêts légitimes. En réalité, il était apparu que ce montage avait été réalisé alors qu'il ne présentait aucune utilité pour M. Coquerel. En revanche, il était nuisible à M. Clément-Bayard, son voisin avec qui il était en mauvais termes, et dont un des ballons dirigeables avait été endommagé par les tiges de fer.

M. Clément-Bayard saisit le juge pour obtenir réparation des dommages subis par son dirigeable éventré. Il obtient gain de cause en première instance et en appel. M. Coquerel se pourvoit alors en cassation arguant du caractère absolu de son droit de propriété et de son droit de se clore comme il l'entend. Bref, il nie la possibilité d'un abus de droit de la propriété en raison de son caractère exclusif. Ce droit étant absolu, il ne doit pas connaître de limites même s'il porte préjudice à son voisin. M. Clément-Bayard, quant à lui, défend l'idée d'une limite à l'exploitation du droit de propriété : l'abus. En l'espèce, il souligne que l'échafaudage monté par son voisin ne lui est d'aucune utilité et ne s'explique que par sa volonté de lui nuire, c'est-à-dire, d'éventrer les dirigeables qui décollent et atterrissent de son terrain. Cette exploitation abusive du droit de propriété constitue une faute qui lui cause un dommage méritant réparation sur le fondement de l'article 1382 du Code civil.

Au-delà des péripéties de voisinage, cette affaire pose, dès 1915, la question à la Cour de cassation de savoir si l'exercice de son droit de propriété, droit exclusif par nature, et de son droit de clore est susceptible d'abus. Le problème de droit est donc clairement identifié, il s'agit de la reconnaissance de l'abus de droit et de sa sanction. La solution apportée par la Cour de cassation présentait un intérêt particulier car à l'époque les débats étaient enflammés et la doctrine divisée que la reconnaissance ou pas d'un possible abus de droit. Planiol, défenseur d'une conception absolutiste des droits subjectifs nie l'existence même de l'abus de droit. Il dénonce la contradiction inhérente à l'expression « abus de droit ». Un droit ne peut pas simultanément être conforme au droit et contraire au droit pour être abusif. Dès lors qu'il y a abus il ne peut plus y avoir de droit. À l'opposé, Josserand dépasse la contradiction dénoncée par Planiol en opposant les droits subjectifs et le droit objectif. L'exercice d'un droit subjectif peut heurter le droit objectif, c'est-à-dire l'ensemble des règles sociales obligatoires. Ainsi dès lors que le droit est détourné de sa fonction sociale, un abus peut être constaté. Ripert quant à lui associe l'abus de droit à la violation d'impératifs moraux, par conséquent, il y a abus de droit en présence d'une intention de nuire. La solution de la Cour de cassation montre une certaine préférence pour cette dernière analyse. Elle rejette le pourvoi, consacre la théorie de l'abus de droit et fixe les modalités de la sanction : « dans cette situation de fait, l'arrêt a pu apprécier qu'il avait eu par Coquerel abus de son droit et, d'une part, le condamner à la réparation du dommage causé à un ballon dirigeable de Clément-Bayard et, d'autre part, ordonner l'enlèvement des tiges de fers surmontant les carcasses en bois. ». Pour mieux comprendre l'intérêt de ce grand arrêt de droit civil, il convient donc d'étudier dans un premier temps la reconnaissance et la définition jurisprudentielle de l'abus de droit (I) puis dans un second temps, la sanction mis en œuvre en cas d'abus de droit (II).

1 • LES ÉLÉMENTS CONSTITUTIFS DE L'ABUS DE DROIT

La Cour de cassation ne se contente pas de reconnaître l'abus de droit, elle en définit les éléments constitutifs. Cependant, si la reconnaissance de l'abus de droit n'a jamais été remise en cause par la jurisprudence ultérieure, la définition de l'abus de droit a été élargie. La seule conception subjective mise en avant en 1915 a été complétée par certaines décisions qui ont accueilli la conception objective défendue par Josserand.

A - La définition de la Cour de cassation

Le critère de l'abus de droit, constitutif de sa définition, ne peut être donné qu'après la reconnaissance de la notion d'abus de droit.

La Cour de cassation reconnaît sans ambiguïté la notion d'abus de droit : « l'arrêt a pu apprécier qu'il avait eu par Coquerel abus de son droit ». Elle rejette les analyses doctrinales qui défendent l'idée que là où il y a abus le droit cesse. L'analyse de Planiol qui refuse de poser des limites à l'exercice des droits subjectifs est écartée. Ce n'est guère étonnant, la reconnaissance de l'abus de droit offre un instrument modérateur indispensable à la jurisprudence. Grâce à lui, il est possible d'imposer aux titulaires des droits subjectifs une exploitation modérée de ces derniers.

Cette reconnaissance est en soi une réponse aux arguments soulevés dans le pourvoi. Ce dernier vise l'article 544 du Code civil qui est un droit absolu. Or comment est-il possible de commettre un abus de droit si ce dernier est absolu c'est-à-dire confère tous les droits en découlant à son titulaire ? Si le droit de propriété est absolu, il doit comprendre celui de clore par n'importe quels moyens même si ces derniers nuisent aux voisins. Il comprend également le droit de construire sur son terrain toutes sortes d'échafaudages, même si ces derniers ne sont d'aucune utilité et ne servent qu'à nuire à son voisin. Bref, si le droit de propriété est absolu, il comporte le droit de nuire à ses voisins. Or la Cour de cassation tout en visant l'article 544 du Code civil et les articles 555 et suivants du même code écarte les arguments tendant à dénier toute possibilité d'abus de droit pour le droit absolu de propriété. Il faut prendre la mesure de cette position.

La première conséquence est que le droit de propriété bien qu'il soit absolu peut être limité par l'abus de droit. Il doit être exercé mais sans abus. La deuxième conséquence est que si une telle limite est imposée au plus absolu des droits, elle s'impose à tous les droits subjectifs, même les plus discrétionnaires comme les droits de la personnalité, le droit moral d'auteur. Il est certain que le pouvoir modérateur qu'offre au juge l'abus de droit doit pouvoir être mis en œuvre, mais avec mesure pour ne pas porter atteinte à la nature même des droits, c'est la raison pour laquelle, il est important de définir les éléments constitutifs, les éléments caractéristiques, de l'abus de droit. Ces derniers permettent d'échapper à l'arbitraire du juge.

La Cour de cassation offre un critère de l'abus de droit en qualifiant la construction de bois et de tiges de fer : « ce dispositif ne présentait pour l'exploitation du terrain de Coquerel aucune utilité et n'avait été édifié que dans l'unique but de nuire à Clément-Bayard ». En soulignant l'intention de nuire qui est démontrée a contrario par l'absence d'utilité de la construction pour le propriétaire, la Cour opte pour une approche subjective de l'abus de droit. Cette approche, défendue par le doyen Ripert fait de l'abus de droit une sanction à la violation du devoir moral de ne pas nuire à autrui. Le critère de l'abus de droit est donc l'intention de nuire. Ce critère est utile car il permet de circonscrire efficacement l'abus et donc d'éviter l'arbitraire du juge. Ce critère est souvent utilisé par la jurisprudence. Il est le seul retenu par la Cour en 1915. Il n'est pas tombé en désuétude pour autant. Une décision de la Cour de cassation du 3 mars 2012 (n° 08-19.108) largement commentée a repris ce critère à son compte pour écarter l'abus de droit. Le litige opposait (comme souvent !) des voisins. Le propriétaire d'un terrain avait réalisé un forage pour assurer l'arrosage de son jardin. Or il se trouve que le propriétaire riverain est une société exploitant la source ! Elle agit en justice afin d'obtenir la fermeture du forage et agit sur de deux fondements, le premier étant l'abus de droit. Or reprenant à son compte l'analyse de la Cour de cassation de 1915 la troisième chambre civile refuse de caractériser l'abus de droit en raison de l'absence d'intention de nuire du voisin soucieux d'arroser son jardin.

Il reste que la jurisprudence ultérieure a su enrichir les critères de qualification de l'abus de droit en prenant en considération une conception objective de l'abus de droit.

B - L'élargissement ultérieur de la notion

L'élargissement de la notion d'abus de droit porte d'abord sur les critères utilisés par la jurisprudence, mais elle se concrétise aussi par la reconnaissance de la théorie des troubles du voisinage.

1) Les critères de l'abus de droit

L'autre critère mis en avant est celui de Josserand, il a parfois été mis en œuvre par la jurisprudence. Cet autre critère a également son utilité car il permet de prendre en considération les situations où l'abus ne résulte pas d'une malversation, mais un détournement du droit de ses fins, de sa fonction. Le point de départ de sa démonstration repose sur le principe que tous les droits remplissent une fonction sociale. À défaut de respecter cette fonction en la détournant pour satisfaire des intérêts égoïste, on commet un abus de droit. Il est rare que le juge fasse expressément référence au détournement de la fonction sociale des droits, mais quelques arrêts peuvent être retenus. Cependant, la Cour de cassation, elle-même, des années après l'affaire Clément-Bayard a eu recours au critère suggéré par Josserand dans l'arrêt de la 3e chambre civile du 12 octobre 1971. Les cours d'appel ont fait de même, par exemple, en 1999, la cour d'appel de Paris à propos de relations de travail soulignait : « en détournant à d'autres fins les règles régissant le contrat de travail et le licenciement, l'employeur s'est rendu coupable d'abus de droit » (Paris, 24 mars 1999, D. 1999, IR, p. 141). En droit social, la Cour de cassation utilise l'abus de droit pour contrôler les conditions de la rupture du contrat de travail en période d'essai. Elle l'a fait dans une décision du 17 mars 1971 (n° 70-40.149, Bull. civ. V, n° 216) en dénonçant comme abusive une rupture « sans rapport avec l'exécution du travail ». La raison de la rupture était, en effet, le mariage de la salariée ! Au-delà de l'anecdote, la jurisprudence de la chambre sociale en la matière repose sur le constat de détournements directs de la finalité de la période d'essai. Ce critère est la nette transposition du critère du détournement de la fonction sociale des droits, il est appliqué avec la modération et doigté (J. Duplat, concl. Cass. soc., 20 nov. 2007, n° 06-41.212).

Il reste que le critère privilégié de l'abus de droit reste l'intention de nuire. Une rapide analyse de la jurisprudence montre que ces théories l'affectent peu. L'abus de droit est un mécanisme correcteur destiné à contrôler l'exercice des droits subjectifs lorsque leur encadrement légal paraît insuffisant. Dès lors loin de s'enfermer dans un critère unique, le juge multiplie ces derniers au gré des circonstances. Ce pluralisme a été mis en évidence par le professeur Capitant qui montre que parfois l'intention de nuire pure et simple suffit, d'autre fois, c'est le constat d'une faute qui fonde l'abus de droit, enfin l'absence de motif légitime est également un fondement retenu. Un arrêt de la Cour de cassation du 15 février 2012 montre bien cette ambiguïté. L'affaire concernait les relations de voisinages conflictuelles qui étaient apparues lors de la nécessaire réfection d'une toiture. Des propriétaires ayant besoin de refaire leur toit demandent l'autorisation de passage sur la propriété voisine pour installer un échafaudage pendant trois semaines. Le refus de la voisine est catégorique, résultat : six ans de procédure. La Cour de cassation a vu dans ce refus d'accès un abus de droit et a condamné la voisine récalcitrante à laisser le passage. Mais on voit qu'en l'espèce il n'y a pas d'intention de nuire. En réalité, il y a plutôt une sorte de servitude d'accès car la Cour de cassation souligne que la commune avait interdit le seul autre accès au toit détérioré. Face au constat de l'absence de toute autre solution la voisine doit laisser passer ouvriers, matériaux, échafaudage. L'abus de droit apparaît bien comme un mécanisme d'exception correcteur de l'exercice des droits. Cette multiplication des critères suggère une idée : le droit de l'un s'arrêterait à celui de l'autre en quelque sorte. Chaque droit subjectif pourrait se mouvoir sans limites dans sa sphère d'autonomie, mais les frontières de cette sphère ne seraient autres que celles des droits subjectifs octroyés aux autres sujets de droit.

Cette idée est sans doute à l'origine de l'autre élargissement de la notion d'abus de droit.

2) La théorie des troubles du voisinage

En l'espèce, l'affaire Clément-Bayard peut se résumer à une querelle de voisinage. Ces derniers sont le lieu de prédilection des abus, c'est sans doute pour cette raison que cette branche de l'abus de droit avec le temps est progressivement devenue autonome. Ainsi, la théorie de l'abus de droit est à l'origine du développement autonome la théorie des troubles du voisinage. Cette dernière s'est émancipée de la faute constitutive de l'abus pour tenir compte du dommage subi. C'est l'anormalité du dommage qui est la condition indispensable à la mise en œuvre de la responsabilité sans faute pour troubles du voisinage. Pour être anormal, le dommage doit être soit important, soit répétitif et inhabituel, il doit dépasser un certain seuil de tolérance. Il est clair que la notion d'abus de droit sous-tend la théorie mais elle en a renversé la logique en s'intéressant d'abord au dommage.

Si la théorie de l'abus de droit est un instrument modérateur de l'exercice de droits apprécié c'est parce qu'elle permet de sanctionner l'abus.

2 • LA SANCTION DE L'ABUS DE DROIT

La Cour de cassation appréhende la sanction de deux manières en énonçant qu'il convient : « d'une part, le [Coquerel] condamner à la réparation du dommage cause à un ballon dirigeable de Clément-Bayard et, d'autre part, ordonner l'enlèvement des tiges de fers surmontant les carcasses en bois. ». Cette approche a été confirmée par la jurisprudence ultérieure, pour jouer pleinement son rôle correcteur, l'abus de droit comprend des mesures préventives et des mesures réparatrices. Pour prévenir, en l'espèce c'est trop tard, le mal est fait. Cependant, la décision d'enlèvement des tiges de fer est une remise en état, mais aussi une forme de prévention, d'autres dirigeables ne viendront pas se déchirer.

A - La réparation par la responsabilité (réparation en valeur)

Classiquement, elle passe par la mise en œuvre du droit de la responsabilité et de l'indemnisation. Elle montre la parenté qui existe entre l'abus de droit et la responsabilité civile. Abuser de son droit est indéniablement constitutif d'une faute engageant la responsabilité de son auteur. L'article 1382 du Code civil offre un fondement à la réparation sans remettre en cause l'originalité des conditions de mise en œuvre de la théorie de l'abus de droit. Le dommage subi doit être entièrement réparé. Il peut l'être par le versement d'une indemnisation. L'application de l'article 1382 est fréquente en la matière car, en présence d'un dommage, elle permet sa réparation. En l'espèce, il fallait obtenir indemnisation pour la destruction de l'un des dirigeables se servant du terrain de Clément-Bayard. L'évaluation de l'indemnité se fait en application du droit de la responsabilité.

Dans certaines hypothèses, il semble que l'abus de droit ne peut être sanctionné que par la mise en œuvre de la responsabilité du fautif. Ainsi en ce qui concerne, l'abus de droit d'agir en justice la cour de cassation en 2004 (Civ. 1re, 24 février 2004, Bull. civ. I n° 58) retient que « l'assureur avait opposé une résistance injustifiée et retardé abusivement le versement de l'indemnité contractuellement prévue ». La victime du trop zélé assureur s'est vue verser une indemnité, distincte de celle due en application du contrat d'assurance. Le recours à la responsabilité est le seul moyen d'intervenir car il n'est pas question de remettre en cause le droit d'agir en justice. Clairement ce n'est ce droit, fondamental, qui est en cause mais son exercice.

Cependant, l'originalité de l'abus de droit plaide pour une autre approche de la réparation, la réparation en nature et l'arrêt le prévoit avec la destruction partielle de l'échafaudage.

B - La réparation en nature

Ainsi, l'originalité de l'abus de droit tient dans la préférence pour la réparation en nature. Cette préférence est d'ores et déjà marquée par la Cour de cassation en 1915 puisqu'elle prévoit l'enlèvement des tiges de fer surmontant les carcasses en bois. Il faut souligner la mesure de la décision. La démolition n'est pas totale, elle ne concerne que les tiges de fer qui endommagent les dirigeables, les carcasses de bois n'étant pas nuisibles, leur destruction n'est pas exigée. Cette mesure reflète la volonté de trouver un équilibre entre la sanction de l'abus et le respect de l'intégrité des droits subjectifs. La mise en œuvre de l'abus de droit ne doit pas conduire à une remise en cause de l'exercice plein et entier des droits subjectifs en l'espèce du droit de propriété.

La réparation en nature dans d'autres cas permet d'obtenir la démolition d'une construction, la coupe de plantations, bref de toutes mesures mettant fin à l'abus. Elle peut imposer l'annulation d'un acte ou encore d'une clause.

L'abus de droit peut porter atteinte à la fonction sociale des droits par conséquent, il existe des sanctions légales particulières pour protéger la société, il faut rappeler les amendes civiles en cas d'action en justice abusive, il faut signaler l'existence de sanctions pénales

Pour aller plus loin

Sujets de dissertation :

« En quoi l'abus de droit est-il un mécanisme correcteur de l'exercice des droits subjectifs ? »

« Comparez l'abus de droit et les troubles du voisinage »

Lecture autour du thème :

- C. Caron, « Brèves observations sur l'abus des droits de la personnalité », *Gaz. Pal.* 19 mai 2007, n° 139, p. 47.
- A. Pirovano, « La fonction sociale des droits », *D.* 1972, chron., p. 67

Sujet 18 : Cas pratique

M. Blanc

M. Blanc habite depuis plusieurs années une charmante maison à la campagne. Depuis quelques mois les relations avec son voisin, M. Martin, se sont dégradées à la suite d'un conflit à propos de places de stationnement dans le chemin qui mène à leurs maisons. M. Martin a installé au fond de son jardin, en limite des deux propriétés, une sorte de brasero dans lequel il fait régulièrement brûler les déchets verts de son jardin (branches, mauvaises herbes...).

M. Blanc s'est plaint auprès de son voisin des désagréments que cela occasionne à toute sa famille (odeurs, fumées) et surtout à sa plus jeune fille asthmatique. M. Martin a répondu qu'il fait ce qu'il veut chez lui et qu'à sa connaissance aucune loi n'interdit de faire du feu chez soi.

Furieux, M. Blanc vous demande comment agir pour faire interdire à son voisin de faire brûler ses végétaux.

Article 544, C. civ. : « *La propriété est le droit de jouir et de disposer des choses de la manière la plus absolue, pourvu qu'on n'en fasse pas un usage prohibé par les lois ou par les règlements* ».

Le cas proposé aborde deux problèmes de droit très proches : celui de l'abus du droit de propriété et celui du trouble de voisinage.

Concernant la question des désagréments causés par les végétaux brûlés, il s'agit de façon évidente d'un problème de trouble du voisinage. Il s'agira de rechercher si ce trouble est anormal, auquel cas M. Blanc pourra obtenir réparation, ou non, laissant à M. Martin toute liberté, en tant que propriétaire, d'user de son droit « de la manière la plus absolue » selon l'article 544 du Code civil. Il ne faut pas oublier de rechercher si ce trouble ne découle pas d'un exercice abusif de ce droit. En effet, le trouble de voisinage étant soumis à l'appréciation souveraine des juges du fond (qui ne sanctionnent que le trouble anormal), il faut envisager toutes les voies offertes à M. Blanc, c'est-à-dire ne pas négliger l'éventualité d'un abus de droit qui permet de limiter l'exercice du droit de propriété de M. Martin dans certaines conditions.

M. Blanc souhaite exiger de son voisin qu'il cesse de faire brûler des végétaux à proximité de sa propriété, en raison des désagréments que cela lui occasionne.

M. Martin invoque son droit de propriété, et son caractère absolu (art. 544, C. civ.), qui l'autorisent à jouir de son bien de la manière la plus absolue. Cela implique le droit de brûler des végétaux.

M. Blanc ne peut donc pas, en principe, s'y opposer. Toutefois, la jurisprudence a établi des limites dans l'exercice du droit de propriété. Celui-ci ne doit pas dégénérer en abus ou troubler anormalement le voisinage. Il convient d'examiner si M. Blanc ne peut invoquer ces deux fondements, l'abus de droit (1) ou le trouble anormal de voisinage (2) pour faire cesser les nuisances qu'il subit.

1 • L'ABUS DU DROIT DE PROPRIÉTÉ

M. Blanc peut invoquer un exercice abusif du droit de propriété. Le droit de propriété, bien qu'il soit absolu, peut être limité par l'abus de droit. Il doit être exercé mais sans abus qui engagerait la responsabilité de son titulaire. Pour être sanctionné, l'abus de droit doit réunir les trois conditions dans la responsabilité civile : une faute, un dommage subi par la victime (en l'espèce la fille de M. Blanc semble subir un préjudice particulier du fait de son asthme) et un lien de causalité, le dommage devant être la conséquence directe de l'activité incriminée. Toute la difficulté réside alors dans la preuve de la faute consistant en un abus. En pratique, les juges utilisent deux critères : l'intention de nuire et l'absence d'intérêt légitime et sérieux à l'exercice du droit. L'intention de nuire peut se prouver à partir de l'existence de rapports d'animosité ou d'agressivité entre les voisins.

En l'espèce, il sera difficile de démontrer l'intention de nuire de M. Martin, aucun élément ne venant en attester la réalité. Il faut alors vérifier si la faute ne peut être caractérisée par l'absence d'intérêt à l'exercice du droit. Il s'avère que le critère de l'inutilité de l'acte est également difficile à utiliser. M. Martin peut justifier d'un intérêt à éliminer naturellement ses déchets verts. En l'absence de tels éléments de preuve d'une faute, l'abus de droit ne sera pas retenu. Heureusement, M. Blanc peut envisager un autre fondement à son action, en invoquant un trouble anormal de voisinage.

2 • LE TROUBLE ANORMAL DE VOISINAGE

En principe chacun doit supporter les inconvénients liés au voisinage mais seulement les troubles normaux. Inversement, le trouble anormal est sanctionné : « *le droit de propriété est limité par l'obligation naturelle et légale de ne causer à la propriété d'autrui aucun dommage* ».

Initialement le trouble de voisinage a été une application de la théorie de l'abus de droit avant de s'en détacher : la responsabilité du voisin auteur du trouble peut être engagée même en l'absence de faute. Contrairement à l'abus de droit, la victime n'a aucune faute à démontrer, mais seulement le caractère anormal du trouble subi.

Les tribunaux apprécient souverainement et de manière objective l'anormalité du trouble. Pour cela, ils ont dégagé des éléments d'appréciation de cette anormalité du trouble. Deux critères semblent s'imposer : la fréquence et la gravité du trouble.

Le trouble est anormal quand il est important, répétitif et qu'il dépasse un certain seuil de tolérance. Mais il est apprécié en fonction des circonstances de temps et lieu. Ici, tout dépend de la fréquence, normale ou non des fumées, c'est-à-dire de l'interprétation du terme « régulièrement » utilisé par les faits, car M. Martin a le droit de brûler ses végétaux... mais normalement !

De plus, les juges prennent en considération la réceptivité personnelle du voisin victime pour apprécier l'anormalité du trouble (ici l'asthme de la fillette).

Le fait de brûler des herbes ne suffit pas à entraîner une sanction de M. Martin. En revanche, les fumées peuvent constituer un trouble anormal si elles sont fréquentes, abondantes et durables. Si tel est le cas, M. Blanc pourra obtenir réparation en argent par l'allocation de dommages-intérêts grâce à une action en responsabilité pour trouble anormal de voisinage. Il peut aussi obtenir une réparation en nature destinée à faire cesser le trouble en ordonnant à M. Martin de déplacer son brasero.

Les preuves

Sujet 19 : Commentaire d'arrêt

Cour de cassation, Chambre civile 3, 23 mai 2002

Vu l'article 1325 du Code civil ;

Attendu que les actes sous seing privé qui contiennent les conventions synallagmatiques, ne sont valables qu'autant qu'ils ont été faits en autant d'originaux qu'il y a de parties ayant un intérêt distinct ;

Attendu que pour débouter M. Baumont de sa demande tendant à la condamnation de Mme Ains en paiement d'une somme au titre de la remise en état de l'appartement qu'il lui avait donné en location, le jugement attaqué (tribunal d'instance d'Aurillac, 29 septembre 2000), rendu en dernier ressort, retient qu'un seul original de l'état des lieux de sortie a été établi par les parties le 25 juin 1999 et gardé par M. Baumont et que l'établissement de cet unique original ôte à ce document sa valeur probante, sans que Mme Ains ait besoin de rapporter la preuve d'une éventuelle falsification ;

Qu'en statuant ainsi, alors qu'un état des lieux établi contradictoirement par le bailleur et le preneur se borne à constater une situation de fait, le Tribunal a violé le texte susvisé ;

Par ces motifs : CASSE ET ANNULE, mais seulement en ce qu'il a débouté M. Baumont de sa demande en paiement de la somme de 10 323,30 francs (1 573,78 euros) au titre de la remise en état des lieux, le jugement rendu le 29 septembre 2000, entre les parties, par le tribunal d'instance d'Aurillac.

L'arrêt à commenter est de forme académique. Sa lecture est aisée et son sens précisé dès l'attendu de principe.

L'établissement de la fiche d'arrêt permet de procéder une première analyse de la décision. En revanche la difficulté tient au peu de matière pouvant alimenter les développements.

Fiche d'arrêt

1°) Les faits de l'espèce

M. Baumont a donné en location un appartement à Mme Ains. À l'issue du bail, il lui réclame une somme de 10 323,30 francs pour la remise en état de l'appartement, sur le fondement de l'état des lieux de sortie établi en un seul exemplaire.

2°) La procédure

Le tribunal d'instance d'Aurillac, par un jugement rendu en dernier ressort le 29 septembre 2000, a débouté M. Baumont de sa demande, au motif qu'un seul original de l'état des lieux de sortie avait été dressé ôtant à ce document sa valeur probante.

3°) Le problème de droit

Un état des lieux est-il un acte soumis à la règle de l'article 1325 du Code civil ? Doit-il être rédigé en autant d'originaux qu'il y a de parties ayant un intérêt distinct ? Un état des lieux établi en un unique exemplaire a-t-il une force probante ?

4°) Les thèses en présence

- selon le tribunal d'Aurillac (le défendeur) l'état des lieux de sortie est soumis à la règle du double original. Or n'ayant été établi qu'en un seul original, détenu par M. Baumont, il n'a aucune valeur probante.

- selon le demandeur (M. Baumont qui se pourvoit en cassation), l'état des lieux n'a pas à être dressé en plusieurs exemplaires. Il suffit à prouver l'inexécution de l'obligation, de restituer les lieux dans le même état que celui où il les a reçus.

5°) La solution

Selon la cour de cassation, l'article 1325 n'est pas applicable à un état des lieux se contentant de constater une situation de fait et non une convention synallagmatique.

L'arrêt objet du commentaire est un arrêt de principe comme en témoigne l'énoncé dans le premier attendu qui suit le visa, du principe général retenu par la Cour de cassation dans l'affaire. Le principe concerne l'application de l'article 1325 du Code civil indiqué dans le visa. En vertu de cette disposition :

« Les actes sous seing privé qui contiennent des conventions synallagmatiques ne sont valables qu'autant qu'ils ont été faits en autant d'originaux qu'il y a de parties ayant un intérêt distinct.

Il suffit d'un original pour toutes les personnes ayant le même intérêt.

Chaque original doit contenir la mention du nombre des originaux qui en ont été faits.

Néanmoins, le défaut de mention que les originaux ont été faits doubles, triples, etc., ne peut être opposé par celui qui a exécuté de sa part la convention portée dans l'acte.

L'exigence d'une pluralité d'originaux est réputée satisfaite pour les contrats sous forme électronique lorsque l'acte est établi et conservé conformément aux articles 1316-1 et 1316-4 et que le procédé permet à chaque partie de disposer d'un exemplaire ou d'y avoir accès ».

La lecture de l'arrêt, et notamment de l'attendu de principe, révèle que le problème juridique porte sur le nombre d'exemplaires originaux requis pour la validité de la preuve écrite d'une convention synallagmatique. Ainsi, seul le premier alinéa est visé. Toutefois, le second alinéa, en ce qu'il précise la portée de l'exigence d'un original peut être utile au commentaire.

Le recours au Code civil offre un résumé de la décision en note de jurisprudence en indiquant que « l'article 1325 n'est pas applicable à un état des lieux, établi contradictoirement par un bailleur et un preneur, qui se borne à constater une situation de fait ». La solution de la décision dépend en effet de l'objet de la preuve. S'il s'agit de prouver une convention synallagmatique, c'est-à-dire une convention créant des obligations réciproques entre les parties, l'article 1325, qui exige autant d'originaux que d'intérêts distincts, s'applique. S'il s'agit seulement de prouver une situation de fait, à savoir une dégradation, il ne s'applique pas. En l'espèce, considérant que l'état des lieux se borne à constater une situation de fait, rejette l'application de la formalité du double. Ce faisant, elle en profite pour délimiter de manière général, dans un attendu de principe, le domaine d'application de la formalité de l'article 1325.

L'article 1325 du Code civil pose, sur le terrain de la preuve des actes sous seing privé, la règle du « double original ». Il indique en réalité que l'acte sous seing privé qui contient une convention synallagmatique doit être établi « en autant d'originaux qu'il y a de parties ayant un intérêt distinct ».

M Baumont a donné à bail un appartement à Mme Ains. Il a poursuivi cette dernière en paiement d'une somme de 10 323,30 francs (1 573,78 euros) au titre de la remise en état de l'appartement. Pour preuve de cette nécessaire remise en l'état, M. Baumont a présenté un état des lieux de sortie faisant vraisemblablement état de dégradations par comparaison avec l'état des lieux dressé lors de l'entrée dans les lieux.

M. Baumont a été débouté de sa demande par le tribunal d'instance d'Aurillac par un jugement rendu en dernier ressort le 29 septembre 2000, au motif qu'un seul original de l'état des lieux de sortie avait été dressé ôtant à ce document sa valeur probante.

L'arrêt présent pose alors la question de savoir si l'article 1325 du Code civil contenant la formalité du double original doit s'appliquer à un état des lieux. En répondant par la négative à la question (II) la Cour de cassation précise le domaine d'application de la formalité du double original (I).

1 • LE CHAMP D'APPLICATION DE LA FORMALITÉ DU DOUBLE

La finalité de la formalité du double (A) délimite elle-même son champ d'application (B).

A - La finalité de la règle

Si la présence de plusieurs exemplaires est une garantie contre « une éventuelle falsification », le but de la règle de l'article 1325 est de fournir à chaque partie à une convention le moyen de prouver le contenu de l'acte et des obligations respectives des parties. Chacune doit pouvoir disposer d'un moyen de preuve lui permettant d'obtenir l'exécution de ses obligations par le cocontractant ou de refuser d'exécuter une obligation qui ne lui incombe pas en vertu de l'acte.

B - La portée de la règle

Puisqu'il s'agit de fournir à chaque partie un moyen de preuve de l'inexécution de ses obligations par son cocontractant, l'article 1325 ne vise que « les actes sous seing privé qui contiennent des conventions synallagmatiques ».

Une convention synallagmatique est une convention ayant pour effet de créer des obligations réciproques entre les parties. L'article 1325 du Code civil impose qu'elle soit dressée « en autant d'originaux qu'il y a de parties ayant un intérêt distinct ». L'acte peut donc être dressé en plusieurs originaux mais dans la mesure où le plus souvent il n'y a que deux parties à la convention, la règle est résumée par l'exigence d'un double original.

2 • L'INAPPLICABILITÉ DE LA FORMALITÉ À UN ÉTAT DES LIEUX

La nature de l'état des lieux (A) détermine sa valeur probante (B).

A - La nature de l'état des lieux

L'état des lieux est un document qui permet de décrire le local objet du contrat de location. Il précise son état de conservation ou de dégradation. Il sera utile en fin de bail pour apprécier si le locataire à dégradé ou non le local mais il ne met aucune obligation à la charge du bailleur ou du preneur. Comme le relève la cour de cassation, l'état des lieux « se borne à constater une situation de fait ». Il ne contient pas une convention synallagmatique.

Ce document n'étant pas l'*instrumentum*, c'est-à-dire l'écrit rédigé pour constater un acte juridique bilatéral, la Cour de cassation en a tiré les conséquences sur le terrain de la preuve.

B - La valeur probante de l'état des lieux

Seul le bail, faisant naître des obligations réciproques pour les deux parties, est une convention synallagmatique relevant de l'exigence de pluralité d'originaux de l'article 1325. L'état des lieux n'étant pas une convention synallagmatique, c'est en toute logique que la Cour de cassation a pu conclure qu'il n'est pas soumis à l'exigence du double de l'article 1325.

L'état des lieux n'a pas à être établi en double. Son établissement en un seul original ne lieu ôte pas sa valeur probante. Puisqu'il s'agit de prouver une dégradation, c'est-à-dire un fait juridique, et non l'engagement de restituer les lieux dans leur état d'origine, la preuve peut se faire par tout moyen, notamment par référence à un état des lieux établi en un seul original (comparé à l'état fait à l'entrée dans les lieux).

Pour aller plus loin

Sujets portant sur des thèmes voisins :

« La preuve de l'acte juridique »

« La preuve sans écrit »

« Les présomptions »

Lectures autour du thème :

- B. Barraud, « La preuve de l'acte juridique électronique », *RRJ* 2012.1791.
- X. Lagarde, « Finalités et principes du droit de la preuve », *JCP* 2005.I.133.

- G. Lardeux, « Les anachronismes du droit de la preuve combattus par la jurisprudence », *D.* 2013.209.
- E. Verges, « Loyauté et licéité, deux apports majeurs à la théorie de la preuve pénale », *D.* 2014.407

Sujet 20 : Cas pratique

Agnès

Depuis longtemps déjà Agnès ne se plaît plus dans son entreprise. Elle travaille de plus en plus en dilettante quand elle n'est pas absente, soit disant pour maladie. Son employeur, M. Maubret, lui a déjà fait plusieurs remarques sur son comportement qu'il désapprouve. Irritée, elle a envoyé un mail à sa collègue Francine pour lui dire tout le mal qu'elle pense de son employeur. Elle y a écrit : « Quel imbécile, ce Maubret, c'est pas comme ça qu'il va me faire bosser. On est quand même mieux dehors qu'à travailler dans cette boite pourrie. ». Agnès vient de recevoir sa lettre de licenciement pour faute grave. Son employeur fonde sa décision sur deux éléments : le mail qu'il a trouvé dans les éléments envoyés de la messagerie de l'ordinateur mis à la disposition d'Agnès pour l'exécution de son travail et le rapport de filature d'un enquêteur privé qui indique qu'elle fait du jogging le matin et du shopping l'après-midi les jours où elle est censée être malade. Offusquée qu'on ait pu la surveiller et lire ses mails, Agnès souhaite contester son licenciement.

Agnès a eu une aventure pendant plusieurs mois avec Bernard, le meilleur ami de son mari Franck. Ils ont échangé des SMS très explicites pour se donner rendez-vous. Un jour qu'il a emprunté son téléphone à son épouse, Franck a découvert certains de ces SMS. Furieux il a demandé une explication à Agnès. Celle-ci lui a avoué sa relation mais l'a assuré que tout était fini entre elle et Bernard depuis 2 semaines. Elle a imploré son mari de la pardonner. Rien n'y a fait, Franck lui a annoncé qu'il souhaitait divorcer. Pour tenter d'adoucir son mari, Agnès lui a annoncé qu'elle était enceinte et que cet enfant allait permettre de ressouder leur couple. Cette annonce n'a fait que renforcer la colère de Franck. Il lui a déclaré non seulement qu'il voulait toujours divorcer mais qu'il allait contester la paternité de l'enfant qu'elle porte. Pour cela il lui rappelle qu'il pourra prouver son adultère grâce aux SMS qu'elle a reçus et envoyés, et qu'il a pris soin de faire constater par un huissier de justice.

Les ennuis d'Agnès ne sont pas terminés. Elle a acheté d'occasion une voiture à M. Fourbe. Il était convenu qu'elle paierait le prix de 3 500 euros en deux temps : 2 000 lors de la signature du contrat et 1 500 à la livraison prévue trois semaines après. Elle a pris la précaution de rédiger un écrit précisant tout cela et même d'en faire une photocopie qu'elle a déposée à son bureau. Le jour prévu de la remise du véhicule le vendeur ne s'est pas présenté. Contacté, il nie avoir conclu le contrat. Agnès ne retrouve plus l'original et se demande si la seule photocopie lui permet de faire reconnaître l'existence du contrat.

Ce cas pratique pose quatre questions relatives à la preuve :

- *la preuve de la faute à l'origine du licenciement ;*
- *la preuve de l'absence de paternité ;*
- *la preuve de l'adultère ;*

- la preuve d'un contrat.

En matière de preuve il faut toujours poser trois questions : quel est l'objet de la preuve, à qui en incombe la charge et selon quels moyens ? ce qui revient à se demander : qui doit prouver, quoi et comment.

- la charge de la preuve

Il s'agit de déterminer quelle partie au procès doit prouver les faits invoqués. Selon l'article 1315 du Code civil la charge de la preuve incombe au demandeur : « celui qui réclame l'exécution d'une obligation doit la prouver. Réciproquement, celui qui se prétend libéré doit justifier le payement ou le fait qui a produit l'extinction de son obligation ». Il faudra pour chaque question identifier le demandeur (l'employeur pour le licenciement et Agnès en défense ; Franck le mari pour les questions de filiation et de divorce ; Agnès pour le contrat de vente de la voiture d'occasion).

Le cas envisage l'hypothèse d'une présomption, la présomption de paternité, qui se traduit par un renversement de la charge de la preuve. De même l'e mail envoyé d'un ordinateur mis à disposition par l'employeur dans le cadre de la mission du salarié est présumé professionnel.

- l'objet de la preuve

Les modes de preuve admissibles diffèrent selon qu'il s'agit de rapporter la preuve d'un fait ou d'un acte juridique. Il importe donc de qualifier chaque situation : fait juridique (faute à l'origine du licenciement, paternité et adultère) ou acte juridique (contrat de vente de la voiture).

- les moyens de preuve admissibles

La preuve de faits juridiques est libre alors que le principe de l'article 1341 est celui de la preuve écrite pour les sommes supérieures à 1 500 euros. L'article 1326 précise que s'agissant d'une somme d'argent (reconnaissance de dette) le montant doit être inscrit en toutes lettres et en tous chiffres. Le Code civil admet toutefois des exceptions à la règle. Notamment, l'article 1348 alinéa 2 prévoit qu'une « copie fidèle et durable » puisse remplacer l'écrit original.

Le cas pratique est aussi l'occasion de traiter du principe de loyauté qui gouverne le droit de la preuve à propos plus particulièrement des nouvelles preuves technologiques : SMS et mails. Cette exigence de licéité de la preuve permet notamment de répondre à la question de l'admission d'un moyen de preuve portant atteinte à la vie privée d'une personne. Il faut faire appel à la jurisprudence qui résout les conflits entre vie privée et droit de la preuve (SMS, mail) et fixe les limites entre la sphère privée et la sphère professionnelle pour qualifier de licite ou illicite le mode de preuve utilisé par l'employeur (à propos du rapport de filature de l'enquêteur privé et du mail).

1 • LA PREUVE DE LA FAUTE CAUSE DU LICENCIEMENT

Agnès a été licenciée pour faute. Son employeur s'est fondé d'une part sur le rapport de filature d'un enquêteur privé et d'autre part sur un mail envoyé de son ordinateur professionnel. Agnès peut-elle contester son licenciement ?

La **charge de la preuve** : en vertu de l'article 1315 al. 1er du Code civil, la charge de la preuve pèse sur le demandeur. Autrement dit, c'est à l'employeur, qui invoque la faute d'Agnès pour la licencier, d'en apporter la preuve.

L'objet de la preuve : l'employeur d'Agnès a fondé son licenciement sur une « faute grave ». Le contentieux porte sur la preuve de cette faute. Or la faute, grave ou non, est un fait juridique.

Le mode de preuve : en matière de faits, le principe est la liberté de la preuve. L'article 1348 apporte en effet une exception au principe de la preuve écrite en matière civile à propos des obligations nées d'un délit ou d'un quasi-délit. L'employeur peut donc prouver par tous moyens la faute de son employée, le rapport de filature d'un enquêteur privé comme le mail envoyé à sa collègue.

Il existe cependant une restriction au principe de liberté de la preuve en matière civile. La première chambre de la Cour de cassation refuse en effet d'accepter les preuves qui auraient été obtenues par des moyens déloyaux. Il convient d'examiner les deux moyens de preuve à la lumière de cette condition de loyauté.

A - L'admissibilité du rapport de filature de l'enquêteur privé

Le rapport de filature permet-il de prouver la faute justifiant le licenciement ?

Le principe de loyauté a conduit la Cour de cassation à refuser dans le cadre d'une procédure de licenciement les comptes rendus d'une filature organisée par l'employeur (Cass. soc., 22 mai 1995). Elle considère qu'ils constituent des moyens de preuve illicites. Toutefois, son appréciation se fait au regard de la violation de la vie privée des personnes. La question s'est reposée récemment de la licéité des rapports des enquêteurs privés auxquels les assureurs ont recours pour prouver une fraude à l'assurance de leurs assurés. Ces enquêteurs sont amenés à constater des actes de la vie ordinaire comme des déplacements, des courses ou l'accompagnement des enfants à l'école. Ils peuvent ainsi attester que la personne n'est pas malade et peut se déplacer. Les juges acceptent ces éléments de preuve dans la mesure où les atteintes à la vie privée ne sont pas disproportionnées au but recherché, c'est-à-dire à la preuve du fait litigieux.

Si on transpose cette jurisprudence aux faits de l'espèce, on peut considérer que le rapport de l'enquêteur sera accepté pour prouver la faute de X.

B - L'admissibilité du mail

L'employeur d'Agnès souhaite fonder son licenciement sur un message se trouvant sur le disque dur de l'ordinateur professionnel de celle-ci.

Un employeur peut-il librement consulter l'ordinateur professionnel utilisé par son salarié pour y chercher des éléments de preuve destinés à légitimer la sanction, comme un licenciement, qu'il lui inflige ? Si le message électronique qui figure dans un ordinateur professionnel n'a pas été expressément qualifié de « document personnel » par le salarié, il est présumé présenter un caractère « professionnel » (Soc.,

12 févr. 2013). Cette qualification permet à l'employeur d'y accéder hors la présence du salarié et de l'exploiter en justice.

Agnès ne pourra donc opposer que l'accès au mail constitue une violation de sa vie privée et de ce fait un mode de preuve illicite que si elle a pris la précaution d'indiquer qu'il était personnel.

2 • LA PREUVE EN MATIÈRE FAMILIALE

Agnès est enceinte. Ayant avoué une relation extra-conjugale à son mari Franck, celui-ci, persuadé de ne pas être le père de cet enfant, souhaite contester sa paternité et obtenir le divorce pour faute. Pour obtenir satisfaction il doit apporter la preuve d'une part de son absence de paternité, et d'autre part de l'adultère.

A - La preuve de l'absence de paternité

L'article 321- al. 1er du Code civil pose une présomption de paternité en vertu de laquelle, « l'enfant conçu ou né pendant le mariage a pour père le mari ». La conception est présumée avoir eu lieu entre les 300e et 180e jours avant la naissance (art. 311, al. 1er, C. civ.), au moment le plus favorable pour l'enfant (art. 311, al. 2, C. civ.). Ainsi, l'enfant ayant été conçu pendant le mariage, Franck en tant que mari de la mère au moment de la conception sera présumé père. Peu importe s'il naît après la dissolution du mariage. La loi prévoit toutefois que cette présomption puisse être combattue par la preuve contraire (art. 311, al. 3, C. civ.).

Franck dispose d'une possibilité d'agir en contestation de paternité pendant dix (jours, semaines, mois ?) à compter de la naissance de l'enfant (art. 321 et 334, C. civ.). Il peut prouver par tous moyens qu'il n'est pas le père. Il pourra avoir recours à une expertise biologique (expertise sanguine ou test d'identification génétique) qui est de droit en matière de filiation sauf s'il existe un motif légitime de ne pas y procéder.

B - La preuve de l'adultère

Si depuis 1975 l'adultère n'est plus une cause péremptoire de divorce, il reste une cause possible de divorce pour faute en tant que violation grave ou renouvelée des devoirs et obligations du mariage (art. 242, C. civ.). La preuve de la faute à l'origine de la demande de divorce incombe à l'époux demandeur.

Il s'agit alors pour Franck d'apporter la preuve de l'adultère de son épouse. L'adultère fautif est un fait juridique. À ce titre, il peut être prouvé par tous moyens (art. 259, C. civ.) : attestations, constat d'huissier, lettres missives, témoignages... En l'espèce, Franck souhaite présenter comme preuve les SMS entre son épouse et son amant qu'il a fait constater par un huissier de justice.

La preuve étant libre, les SMS sont des preuves admissibles. Cependant, l'article 259-1 du Code civil interdit aux époux de verser au débat un élément de preuve qu'il aurait obtenu par violence ou fraude. C'est à celui qui invoque la fraude ou la violence d'en apporter la preuve. Si Agnès ne peut démontrer que Franck a obtenu de façon déloyale les SMS envoyés et reçus sur son téléphone portable, ceux-ci seront des preuves admissibles.

3 • LA PREUVE DE L'ACHAT DE LA VOITURE D'OCCASION

Agnès a acheté une voiture d'occasion. Son vendeur nie l'existence de la vente. Malheureusement Agnès n'est plus en possession que d'une photocopie du contrat. Celle-ci peut-elle valable en constituer la preuve ?

L'objet du litige est un contrat de vente d'un montant de 3 500 euros. Or le contrat est un acte juridique. Le principe en matière de preuve d'un acte juridique d'une valeur supérieure à 1 500 euros est établi par l'article 1341 du Code civil qui exige une preuve écrite. En l'espèce, la preuve écrite du contrat a disparu. Le Code civil prévoit cette hypothèse du titre original qui n'a pas été conservé. L'article 1348 al. 2 admet qu'une « copie fidèle et durable » puisse en tenir lieu. Toutefois la loi n'admet pas toutes les copies : il faut qu'elles constituent des reproductions fidèles et durables de l'original. Elles sont fidèles lorsqu'elles ne permettent aucun doute quant à l'intégrité du contenu et son imputabilité à son auteur. L'article 1348 *in fine* répute durable « toute reproduction indélébile de l'original qui entraîne une modification irréversible du support ». La Cour de cassation admet qu'une photocopie est une copie fidèle et durable si la partie à laquelle on l'oppose ne la conteste pas ou si les juges du fond, après vérification (par expertise), estiment souverainement qu'elle mérite cette qualification. La photocopie est ainsi admise à titre de preuve littérale d'un contrat dans la mesure où elle constitue une copie fidèle et durable. La jurisprudence considère que c'est le cas si la photocopie est parfaitement lisible et si l'original reproduit est parfait.

Agnès peut donc directement imposer la photocopie comme instrument de preuve de la vente car elle constitue « une copie fidèle et durable » au sens de l'article 1348 qui dispense le demandeur de présenter l'acte écrit original à l'appui de sa revendication. Dès lors que l'acte original que la photocopie reproduit est parfait la preuve du contrat sera faite.

Pour être valable un acte sous seing privé doit être signé. Puisqu'il s'agit d'un acte comportant de la part d'une personne un engagement de payer une somme d'argent, selon l'article 1326, le contrat doit porter la mention de la somme ou de la quantité en toutes lettres et en chiffres. Enfin l'article 1325 du Code civil prévoit que lorsque l'écrit constate un contrat conclu entre au moins deux personnes, il doit être rédigé en autant d'exemplaires que de parties signataires. Si ces conditions sont remplies, Agnès pourra prouver la réalité de la vente.

Pour aller plus loin

Sujets portant sur des thèmes voisins :

« La preuve de l'acte juridique »

« La preuve sans écrit »

« Les présomptions »

Lectures autour du thème :

- B. Barraud, « La preuve de l'acte juridique électronique », *RRJ* 2012.1791.
- X. Lagarde, « Finalités et principes du droit de la preuve », *JCP* 2005.I.133.
- G. Lardeux, « Les anachronismes du droit de la preuve combattus par la jurisprudence », *D.* 2013.209.
- E. Verges, « Loyauté et licéité, deux apports majeurs à la théorie de la preuve pénale », D. 2014.407.

THÈME 5

Contrôle des connaissances

Sujet 21 : Quizz

Pour vous tester, en guise de conclusion, nous vous proposons un « quiz » portant sur le programme d'introduction au droit :

1 – Une règle juridique ne peut pas contredire une règle morale :

☐ a) Vrai ☐ b) Faux

2 – A3 L Le juge doit statuer en équité :

☐ a) Vrai ☐ b) Faux

3 – Le mariage homosexuel est garanti par la Constitution :

☐ a) Vrai ☐ b) Faux

4- Les conventions de mère porteuse sont illicites :

☐ a) Vrai ☐ b) Faux

5 – L'École du droit naturel a été remplacée par l'École du droit positif :

☐ a) Vrai ☐ b) Faux

6 – L'exégèse est une méthode d'interprétation de la loi :

☐ a) Vrai ☐ b) Faux

7 – Les règlements sont inférieurs aux lois :

☐ a) Vrai ☐ b) Faux

8 – Les directives européennes sont supérieures aux lois :

☐ a) Vrai ☐ b) Faux

9– Un règlement de l'UE ne s'applique pas directement dans l'ordre juridique français :

☐ a) Vrai ☐ b) Faux

10 – Le contrôle de légalité est assuré exclusivement par le Conseil d'État :

☐ a) Vrai ☐ b) Faux

11 – Toutes les juridictions peuvent soulever d'office l'inconstitutionnalité de la loi :

☐ a) Vrai ☐ b) Faux

12 – Tout Français peut saisir le Conseil constitutionnel pour contrôler la conformité d'une loi à la constitution :

☐ a) Vrai ☐ b) Faux

13 – La Convention européenne des droits de l'homme a valeur constitutionnelle :

☐ a) Vrai ☐ b) Faux

14 – La question prioritaire de constitutionnalité permet de contrôler la légalité des arrêtés :

☐ a) Vrai ☐ b) Faux

15 – Le contrôle de conventionnalité est assuré par le Conseil d'État :

☐ a) Vrai ☐ b) Faux

16 – En principe, la loi entre en vigueur le jour de sa publication :

☐ a) Vrai ☐ b) Faux

17 – Le principe de l'application immédiate de la loi nouvelle a été dégagée par le doyen Aubry :

☐ a) Vrai ☐ b) Faux

18 – Une loi interprétative est rétroactive par nature :

☐ a) Vrai ☐ b) Faux

19 – Le principe de non-rétroactivité de la loi pénale est contraire à la Constitution :

☐ a) Vrai ☐ b) Faux

20 – Le principe de rétroactivité de la loi pénale plus douce est contraire à la Constitution :

☐ a) Vrai ☐ b) Faux

21 – Le principe de survie de la loi ancienne s'applique aux effets futurs d'un contrat en cours :

☐ a) Vrai ☐ b) Faux

22 – La juridiction saisie sur renvoi de la Cour de cassation n'est pas tenue de se rallier à la décision de la Cour de cassation :

☐ a) Vrai ☐ b) Faux

23 – La jurisprudence est la position de la doctrine sur un point de droit :

☐ a) Vrai ☐ b) Faux

24 – La jurisprudence a une autorité supérieure à la loi :

☐ a) Vrai ☐ b) Faux

25– Le revirement de jurisprudence est interdit :
☐ a) Vrai ☐ b) Faux

26 – Les arrêts de principe ne sont pas interdits par l'article 5 du Code civil :
☐ a) Vrai ☐ b) Faux

27 – Les arrêts de règlement sont interdits par l'article 5 du Code civil :
☐ a) Vrai ☐ b) Faux

28 – Une coutume peut contredire une loi :
☐ a) Vrai ☐ b) Faux

29 – Le Code civil a abrogé toutes les coutumes :
☐ a) Vrai ☐ b) Faux

30 – La coutume est une source de droit qui a disparu :
☐ a) Vrai ☐ b) Faux

31 – La doctrine est une source indirecte du droit :
☐ a) Vrai ☐ b) Faux

32 – Le patrimoine est cessible :
☐ a) Vrai ☐ b) Faux

33 – Les droits patrimoniaux sont cessibles :
☐ a) Vrai ☐ b) Faux

34 – Le patrimoine d'affectation n'est pas reconnu en droit français :
☐ a) Vrai ☐ b) Faux

35 – Le droit au nom est un droit patrimonial :
☐ a) Vrai ☐ b) Faux

36– L'hypothèque est un droit réel accessoire :
☐ a) Vrai ☐ b) Faux

37 – Les droits de créance sont des droits personnels :
☐ a) Vrai ☐ b) Faux

38 – La personnalité juridique n'est pas reconnue à l'enfant avant sa naissance :
☐ a) Vrai ☐ b) Faux

39– L'article 9-1 du Code civil garantit le droit au respect de la vie privée :
☐ a) Vrai ☐ b) Faux

40 – Le droit à l'image d'une personne est protégé par l'article 9 du Code civil :
☐ a) Vrai ☐ b) Faux

41 – Le droit à l'information est une limite au droit à la vie privée :
☐ a) Vrai ☐ b) Faux

42 – Le droit du public à l'information justifie la publication de toute image d'une personne impliquée dans un événement d'actualité :

☐ a) Vrai ☐ b) Faux

43 – Le Président de la République n'a plus le droit au respect de sa vie privée :

☐ a) Vrai ☐ b) Faux

44 – Il est possible de changer de nom :

☐ a) Vrai ☐ b) Faux

45 – Les parents sont libres du choix du prénom de leurs enfants :

☐ a) Vrai ☐ b) Faux

46 – Les personnes morales n'ont pas de domicile :

☐ a) Vrai ☐ b) Faux

247 – Dans un procès civil, la charge de la preuve incombe au demandeur :

☐ a) Vrai ☐ b) Faux

48– Dans un procès pénal, la charge de la preuve incombe au demandeur :

☐ a) Vrai ☐ b) Faux

49 – Le serment est toujours une preuve parfaite :

☐ a) Vrai ☐ b) Faux

50 – La preuve des faits juridiques est libre :

☐ a) Vrai ☐ b) Faux

51 – Les présomptions légales sont des moyens de preuve :

☐ a) Vrai ☐ b) Faux

52 – L'acte authentique est une preuve écrite :

☐ a) Vrai ☐ b) Faux

53 – Une télécopie est une preuve valable en droit civil :

☐ a) Vrai ☐ b) Faux

54 – Une photocopie n'est une preuve valable en droit civil :

☐ a) Vrai ☐ b) Faux

55 – Un SMS est une preuve valable en droit civil :

☐ a) Vrai ☐ b) Faux

56 – L'enregistrement d'une personne à son insu est une preuve valable en droit civil :

☐ a) Vrai ☐ b) Faux

57– La théorie de l'abus de droit ne vise qu'à sanctionner l'intention de nuire à autrui :

☐ a) Vrai ☐ b) Faux

58 – Planiol défend la théorie objective de l'abus de droit :

☐ a) Vrai ☐ b) Faux

59 – L'article 1382 du Code civil permet de réparer l'abus de droit :

☐ a) Vrai ☐ b) Faux

60 – L'abus de droit est une limite au droit de propriété :

☐ a) Vrai ☐ b) Faux

Corrigé

1 – Une règle juridique ne peut pas contredire une règle morale
Réponse : b – Faux
2 – Le juge doit statuer en équité
Réponse : b – Faux

3 –Le mariage homosexuel est garanti par la Constitution
Réponse : b – Faux

4- Les conventions de mère porteuse sont illicites
Réponse : a – Vrai

5– L'École du droit naturel a été remplacée par l'École du droit positif
Réponse : b – Faux

6 – L'exégèse est une méthode d'interprétation de la loi
Réponse : a – Vrai

7 – Les règlements sont inférieurs aux lois
Réponse : b – Faux

8 – Les directives européennes sont supérieures aux lois
Réponse : a – Vrai

9 – Les règlements de l'UE sont supérieurs aux lois
Réponse : a – Vrai

10 – Le contrôle de légalité est assuré exclusivement par le Conseil d'État
Réponse : b – Faux

11 – Toutes les juridictions peuvent soulever d'office l'inconstitutionnalité de la loi
Réponse : b – Faux

12– Tout français peut saisir le Conseil constitutionnel pour contrôler la conformité d'une loi à la constitution
Réponse : b – Faux

13 – La Convention européenne des droits de l'homme a valeur constitutionnelle
Réponse : b – Faux

14 – La question prioritaire de constitutionnalité permet de contrôler la légalité des arrêtés
Réponse : b – Faux

15 – Le contrôle de conventionnalité est assuré par le Conseil d'État
Réponse : b – Faux

16 – En principe, la loi entre en vigueur le jour de sa publication
Réponse : b – Faux

17 – Le principe de l'application immédiate de la loi nouvelle a été dégagée par le doyen Aubry
Réponse : b – Faux

18 – Une loi interprétative est rétroactive par nature
Réponse : a – Vrai

19 Le principe de non-rétroactivité de la loi pénale est contraire à la Constitution
Réponse : b – Faux

20 – Le principe de rétroactivité de la loi pénale plus douce est contraire à la Constitution
Réponse : b – Faux

21 – Le principe de survie de la loi ancienne s'applique aux effets futurs d'un contrat en cours
Réponse : a – Vrai

22 – La juridiction saisie sur renvoi de la Cour de cassation n'est pas tenue de se rallier à la décision de la Cour de cassation
Réponse : a – Vrai

23 – La jurisprudence est la position de la doctrine sur un point de droit
Réponse : b – Faux

24 – La jurisprudence a une autorité supérieure à la loi
Réponse : b – Faux

25– Le revirement de jurisprudence est interdit
Réponse : b – Faux

26 – Les arrêts de principe ne sont interdits pas par l'article 5 du Code civil
Réponse : a – Vrai

27 – Les arrêts de règlement sont interdits par l'article 5 du Code civil
Réponse : a – Vrai

28 – Une coutume peut contredire une loi
Réponse : a – Vrai

29 – Le Code civil a abrogé toutes les coutumes
Réponse : b – Faux

30 – La coutume est une source de droit qui a disparu
Réponse : b – Faux

31 – La doctrine est une source indirecte du droit
Réponse : a – Vrai

32 – Le patrimoine est cessible
Réponse : b – Faux

33 – Les droits patrimoniaux sont cessibles
Réponse : a – Vrai

34 – Le patrimoine d'affectation n'est pas reconnu en droit français
Réponse : b – Faux

35 – Le droit au nom est un droit patrimonial
Réponse : b – Faux

36– L'hypothèque est un droit réel accessoire
Réponse : a – Vrai

37 – Les droits de créance sont des droits personnels
Réponse : a – Vrai

38 – La personnalité juridique n'est pas reconnue à l'enfant avant sa naissance
Réponse : b – Faux

39– L'article 9-1 du Code civil garantit le droit au respect de la vie privée
Réponse : b – Faux

40 – Le droit à l'image d'une personne est protégé par l'article 9 du Code civil
Réponse : a – Vrai

41 – Le droit à l'information est une limite au droit à la vie privée
Réponse : a – Vrai

42 – Le droit du public à l'information justifie la publication de toute image d'une personne impliquée dans un événement d'actualité
Réponse : b – Faux

43 – Le Président de la République n'a plus le droit au respect de sa vie privée
Réponse : b – Faux

44 – Il est possible de changer de nom
Réponse : a – Vrai

45 – Les parents sont libres du choix du prénom de leurs enfants
Réponse : a – Vrai

46 – Les personnes morales n'ont pas de domicile
Réponse : b – Faux

47 – Dans un procès civil, la charge de la preuve incombe au demandeur
Réponse : a – Vrai

48– Dans un procès pénal, la charge de la preuve incombe au demandeur
Réponse : b – Faux

49 – Le serment est toujours une preuve parfaite
Réponse : b – Faux

50 – La preuve des faits juridiques est libre
Réponse : a – Vrai

51 – Les présomptions légales sont des moyens de preuve
Réponse : b – Faux

52 – L'acte authentique est une preuve écrite
Réponse : a – Vrai

53 – Une télécopie est une preuve valable en droit civil
Réponse : a – Vrai

54 – Une photocopie n'est une preuve valable en droit civil
Réponse : b – Faux

55 – Un SMS est une preuve valable en droit civil
Réponse : a – Vrai

56 – L'enregistrement d'une personne à son insu est une preuve valable en droit civil
Réponse : b – Faux

57– La théorie de l'abus de droit ne vise qu'à sanctionner l'intention de nuire à autrui
Réponse : b – Faux

58 – Planiol défend la théorie objective de l'abus de droit
Réponse : b – Faux

59 – L'article 1382 du Code civil permet de réparer l'abus de droit
Réponse : a – Vrai

60 – L'abus de droit est une limite au droit de propriété
Réponse : a – Vrai

Imprimé en France. - JOUVE, 1, rue du Docteur Sauvé, 53100 MAYENNE
N° 2166275P - Dépôt légal : septembre 2014